一个书香世家的千年回眸

——金山钱氏家族史

唐昱霄　钱基敏　著

文匯出版社

图书在版编目（CIP）数据

金山钱氏家族史：一个书香世家的千年回眸 / 唐昱霄，钱基敏著. — 上海：文汇出版社，2017.9

ISBN 978-7-5496-2316-7

Ⅰ.①金… Ⅱ.①唐… ②钱… Ⅲ.①家族—史料—上海 Ⅳ.①K820.9

中国版本图书馆CIP数据核字(2017)第213871号

一个书香世家的千年回眸

——金山钱氏家族史

作　　者 / 唐昱霄　钱基敏
策　　划 / 王唯铭

责任编辑 / 熊　勇
封面装帧 / 张　晋

出版发行 / 文匯出版社
上海市威海路755号
（邮政编码200041）
经　　销 / 全国新华书店
排　　版 / 南京展望文化发展有限公司
印刷装订 / 江苏省启东市人民印刷有限公司
版　　次 / 2017年11月第1版
印　　次 / 2017年11月第1次印刷
开　　本 / 787×1092　1/16
字　　数 / 150千
印　　张 / 11.5

ISBN 978-7-5496-2316-7
定　　价 / 58.00元

序言

你是否来到过金山?

伫立在金山嘴，凝望浑黄无际的东海，海浪拍打着堤岸，翻起氤氲的水气。千百年来，金山的海似乎就是这般温存着这片土地。

倘若你是一位普通的过客，当海风徐徐吹来，闻到的是阵阵海腥味；当浪涛前仆后继地冲打海堤，耳边响起的是循环往复的“噼啪”声。

倘若你对脚下的这片土地有一些了解，或许，就能从这海言海语中嗅到一丝书香，听到阵阵读书声，看到积淀数百年而成的人文风情。

倘若你是一位故人，那么，发生于此的这段书香世家的传奇故事，就一定不会陌生……

今天，我们要讲述的就是金山钱氏家族的故事。这一支钱氏出自吴越王钱镠家族，在五代以来千余年的中华历史长河中绵延传承，名人辈出，最终在金山的这片土地上扎稳脚跟，成为一方望族。金山钱氏崇文重教，其传承数代的刻书事业在中国印刷史上写下了浓墨重彩的一笔。在近代动荡的时局中，钱氏中人不改本色，砥砺前行，敢为天下之先，也将金山钱氏之精神传承至今。

这不仅仅是一个家族的发展史，也是一个书香世家的千年回眸，更是中国传统人文精神的真实演绎。

目录 CONTENTS

第一章
守山阁书香

导语

“钱氏一族在中国出版史上占有重要地位。”——《中国出版史》

单单这一句话，就足以体现这个书香世家的刻书功绩。罗马并非是一天建成的，守山阁同样也不是一夜筑成的。金山钱氏家族的辉煌刻书史，来自西子湖畔文澜阁旁校书不辍的沉醉身影；来自金山钱圩街头巷尾从一座座钱家大宅中飘出的浓浓墨香，来自钱家数代才俊毕生倾注的心血结晶，来自整个家族千年以来蕴藏着的人文情怀。

即便是经历了太平天国时代那场毁之一炬的浩劫，守山阁的书香依然流芳至今，为历史所铭记！

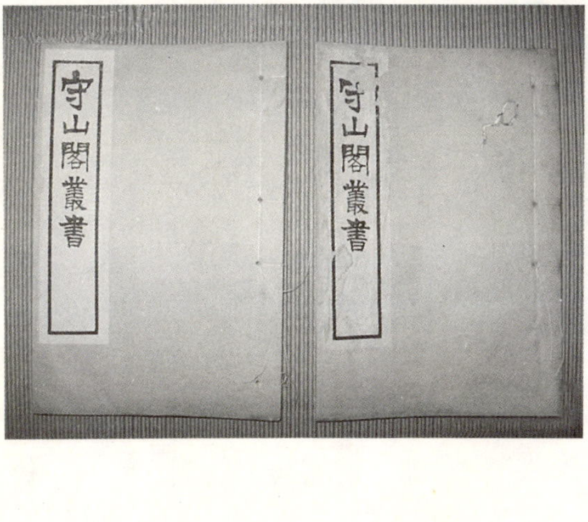

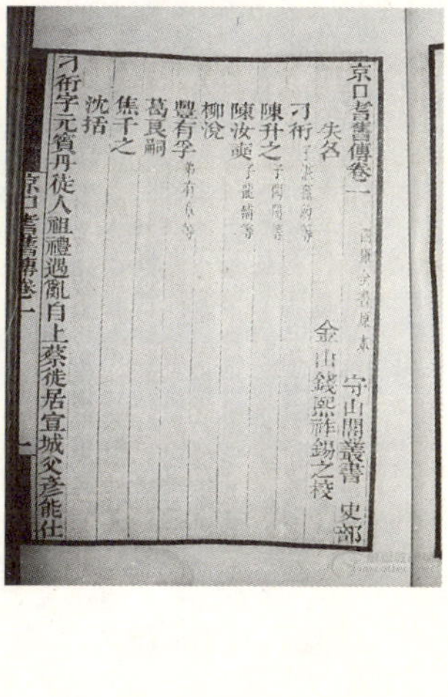
京口耆舊傳卷一　守山閣叢書　史部
金山錢熙祚錫之校
失名
刁衎
陳升之
陳汝奭
柳說
豐有孚
葛良嗣
焦千之
沈括
刁衎字元賓丹徒人祖禮遇亂自上蔡徙居宣城父彥能仕

一、湖楼校书记

杭州西湖孤山南麓，白堤之右，西泠桥之左，这里地势高敞，可揽西湖全胜，著名的文澜阁就坐落于此。文澜阁始建于清乾隆四十八年（1782）。是年，《四库全书》编纂完成，最早抄录的四部分别藏于紫禁城文渊阁、圆明园文源阁、奉天文溯阁、热河文津阁，也就是所谓的“内廷四阁”。后来，乾隆皇帝因“江浙人文渊薮，允宜广布，以光文昭”，又命人将《四库全书》续抄三部，分别藏于扬州文汇阁、镇江文宗阁和杭州文澜阁，这就是“江南三阁”。

在历史的风云变幻中，文澜阁也屡次遭受磨难。咸丰十一年（1861）文澜阁焚毁，部分藏书散失。光绪六年（1880）开始重建，并把散佚、残缺的书籍收集、补抄起来；辛亥革命后又几经补抄，文澜阁的《四库全书》才恢复旧观。到了今天，曾经的江南三阁只有文澜阁及所藏《四库全书》存世，成为“东南瑰宝”。

文澜阁里的《四库全书》声名在外，在它落成四十多年后，有一群来自金山的钱氏才俊曾慕名到此，留下了一段风雅传奇。一本《湖楼校书记》忠实地记录下了这一段历史。

故事要从乾隆四十九年说起。那一年皇帝传令：如果有人愿意读阁中的藏书，允许陆续借领，广为传阅抄录。既然皇帝有嘉惠士林之意，那原本就嗜书成瘾的钱氏子弟们自然也不会错过这个机会。

道光乙未年（1825），金山钱氏才俊钱熙祚为了校刊丛书，相约同伴，共游西泠。同行者有顾尚之、李兰垞、兄弟钱熙泰共5人，于当年十月初四午刻，从秦望山乘船出发。农历十月的天气，霜露既零，寒风凛冽，夜色之中，星光万点。众人乘坐的小舟荡漾在碧水中，遥望鹦鹉洲已经模糊不可辨视，只能听到桨声人语。在这样一个初冬时节，船上的这群年轻人感受到的并不是寒冷，而是远方文澜阁书香的召唤。

几天后，一行人终于到达了杭州西子湖畔。《湖楼校书记》里详细记载了众人来到文澜阁的所见所闻："十四日偕同人至文澜阁，假山杂树，进径幽奇。阁凡三层，各五间，最下层中置图书集成，左右皆经部；次上层周围而凹，其南为史部；最上层则子部集部，其书函以香楠，首刻鐫题，经饰以绿，史以朱子以蓝集以浅绛，每册之护页如之阁之后为……"

这样的说法和后世对文澜阁形貌的记载很是吻合。文澜阁本仿宁波天一阁形式而建，结构为六开间楼房，外观二层，中实三层。顶层通作一间，取"天一生水"之意，底层六间，取"地六成之"之义。屋面重檐，背山轩立。阁前凿水池，中有克石耸立，名仙人峰。再前有御座房，有狮虎群假山一座，上建月台、趣亭，遥遥相对，假山中开洞壑，可穿越、可登临，玲珑奇巧。阁东南侧有碑亭，上刻清乾隆皇帝题诗及颁发《四库全书》上谕。

倘若在春秋之际，能在如此藏书巨富而又巧夺天工的楼阁里觅书寻书，借出之后面对着西湖的湖光山色阅读校对，结伴品评，实乃一件乐事。但钱氏众人们所到的时候正是气温骤降之时，他们的校书工作实在算不上轻松。《湖楼校书记》里是这样形容众人抄书校书的条件的："十九日校正坦琴旨一卷、春秋分记一卷、王懋竑朱子年谱二卷，湖上本寒，楼居尤甚，呵冻成墨，十指如椎，是日所抄书皆集……""二十日天阴微雪，寒烟弥望，于是湖水皆冻矣，行船打冰，窟窿不绝……"

尽管如此，今天的我们通过《湖楼校书记》里的描述，依然能够想象近200年前的校书情形：人流稀少的冬天，在湖楼校书抄书的一共有三十多人。坐在楼中，面对冬日的湖光山色，白天校书抄写笔耕不辍，夜里则点亮灯火，读书的声音到了半夜也不会停止。这样的场面在西湖之畔也算得上是别开生面、未曾有过的吧。

校书的过程，既能带来探索的乐趣，也会有疑窦丛生，更会有无法释怀的遗憾。《四库全书》是在乾隆年间由诸儒臣编撰精心校订而成，此中收录的书籍与坊间流传的版本差距很大。细心的钱氏子弟们发现了文澜阁四库全书存在的一些纰漏，比如他们认为文澜阁里的版本"多讹脱，又有数事与提要不合"，在《湖楼校书记》的余记中举例了大量与提要不合的例子，并感慨"此予所见者，其他正恐不少，不知何故"。除了疑惑，还有遗憾，"……今多散佚，惜不能一一取校，亦一憾云。"

尽管时间有限，尽管心中还有很多疑惑，但这一个月的校书工程的成绩还是十分突出。《湖楼校书记》里详细记录了所有所校书籍的名字。"校书八十余种，抄书六十一种……计四百三十二卷，始于十月二十日止十一月十九日。"

当然，钱氏的才俊们来到西子湖畔后，并非只是一门心思校书。文人雅客，寄情山水本是再正常不过了，更何况是在风景如画的杭州。实际上，游历和校书几乎是在同时进行的。首先，众人在杭州的住所就是一处观景的好地方，“湖楼在白堤之东，大闸口南数步，旧为文昌宫供奉文星，后卖为民房，上下八间，面湖背街，前楼中间为校书处，点笔之余颇适凭眺。”寓居西子湖畔，对于这片湖泊的秀美，自然也是让大家赞叹不已，“每当晓雾半收，朝旭初上，晴翠绚焕，微波映之，若美人临镜，膏沐未施，尚余睡态，其妩媚殆不可名。”除了到处探寻美景，拜访友人，对于当时杭州人的生活和在西湖的新发现，也都在《湖楼校书记》里有所体现，比如书中说到了杭人崇尚礼佛、西湖疏浚，还饶有兴致地谈了西湖客流的变化——“西湖为游人聚集之所，或扫墓，或礼佛，或清游，自春徂秋，殆无虚日，至冬则寥落无人矣。”

当年农历十一月二十七，钱氏一行回到了秦山，结束了这一次的校书旅程。《湖楼校书记》正文的最后，简单的一句话却真实反映了钱熙祚、钱熙泰们归来后的感受：“此行客西湖者几二月，湖山胜概，略见一斑，惟韬光龙井虎跑诸处未及一游，仓促回舟，不无泱泱，后期可践，定不食盟，山灵有知，当亦首肯。”

14年后，也就是道光已亥年（1839）的秋天，在钱熙泰的提议下，钱氏子弟终于故地重游。“九日卯发，微风徐送，朝日半升，湖上诸山参差杂出，若立若坐，若凝思若含笑……”他们对文澜阁的痴迷与坚持，正是金山钱氏家族数代人呕心沥血投身刻书事业的缩影。

二、祖传遗风

江南富庶，大户豪族遍地，但是，并不是家族有钱有势就可以引领一方文风，说到底，要的还是底蕴。金山钱氏自临海到奉贤，从奉贤到钱圩，不断繁衍壮大，良田万亩，家财万贯，声誉卓著，本可以安心躺在这良田家财上舒舒服服地做一地望族。然而，他们是吴越王族的后裔，是一支皇族血脉，冥冥之中继承了先辈的爱书崇文之风。书开书合，墨香不止；刻书传承，流芳百世。

金山钱氏的青年才俊们有多爱书，看看下面的几段话就知道了：

钱树本（1744—1790）——“君性严峻，好读书，蒐玩群籍弗废寒暑……好搜罗典籍，每得一异书，展玩几忘寝馈，是以藏书之富，甲于五茸。”

钱熙经（1796—1849）——“漱六廉静寡欲，闭户简出而嗜古好聚书。遇所未见，购之不惜重价。”

钱熙载（1779—1834）——“名噪上庠，书盈边笥，丹黄在手，著述等身。”

钱熙祚（1801—1844）——“生平无他嗜好，惟耽于图籍，得前贤未刻著述，即为刊行。手自校雠，无间寒暑……”

……

从爱读书到爱刻书，金山钱氏的读书人慢慢把嗜书升华成了一项代代相传的事业——刻书。这和他们数百年前的祖先们何等的相似，仿佛就是一个惊人的历史轮回。

根据《中华印刷通史》记载，但凡提到五代十国时期的中国雕版印刷术，较为突出的就是地处南方太湖流域的吴越国。在政治、经济、生产上，吴越国稳定而繁荣。吴越王钱镠，被梁太祖封为吴越国王，后又加天下兵马都元帅。吴越钱氏诸王信奉佛教，而忠懿王钱弘俶（947—978）崇信甚笃，曾大量修建寺庙，兴造佛塔，雕印佛经。时至一千多年后的今天，吴越国雕印的佛经实物多有发现。1917年，湖州天宁寺改建过程中，在石幢象鼻内发现了数卷藏存的“一切如来心秘密全身舍利宝箧印陀罗尼经”。卷首扉画前有“天下都元帅吴越国王钱弘俶印《宝箧印经》八万四千卷，在塔内供养。显德三年丙辰（956）岁记”。吴越王朝如此大规模的印刷活动，让人叹为观止。

五代之后，宋、元、明三朝荏苒而过，公元18世纪，中华大地已经进入康乾盛世。祖先身上的这种“书香魔性”，再次在金山钱氏的子孙身上焕发出无比耀眼的光芒！同样在这本《中华印刷通史》中，有着对清代著名私人藏书家、刻书家所刻印的书籍略所做的简要介绍，从中能看到这样一段话：

“……金山钱氏刻书最多，延续最久。根据光绪年间《钱氏家刻书目》所载，钱氏刻书自乾隆三十六年（1771）至光绪年间从未间断。起首是钱树本（字根堂），刻有《左传》《公羊传》《谷梁传》《国语》《国策》《庄骚读本》；钱树堂、钱树立继刻《经余必读》《醉经楼经验良方》《保素堂稿》；钱树芝刻《温热病指南集》；钱熙彦、钱熙载刻《春秋阙如编》《元诗选》《元史类编》；钱熙辅刻《艺海珠尘》《壬癸集》《重学》；钱熙祚刻《守山阁丛书》《指海》《珠丛别录》《素问》《灵枢》《胎产秘书》；钱培益刻《货布文字考》；钱培名刻《小万卷丛书》；钱国宝用活字排印杜文澜编的《江南北大营纪事本末》，还刻有《务本义斋算学三种》《疡科辑要》《万一权衡》；钱润道、钱润功刻《甲子癸卯王皇简法》《钱氏家刻书目》十卷。钱氏刻书，以钱熙祚为最著名……”

此外，金山钱氏还收藏了许多珍贵书版，有阳城张敦仁校勘本《仪礼书》、华亭张祥河刊本《篆字九经》、新安汪启淑刊本《说文系传》、锦川蔡毓荣编辑《通鉴纪事本末纪要》、明三山郡庠刊本《通志二十略》，兹附著之于此。其所收苏松旧族藏本，亦多有善者。

刻书，成了金山钱氏最闪耀的一张名片，使之能够自豪地屹立于中国历史之中。

早些年，上海出版局为了编著《中国出版史》，也曾专程来金山寻访和调查。教授、专家在经过缜密的研究调查后，一致赞誉："钱氏一族在中国出版史上占有重要地位！"

油墨书香，究竟是怎样从两百多年前的钱氏刻书坊飘出，伴着温润的东海海风，飘向西方的呢？

三、五代传承

当我们梦回200年前钱氏刻书坊，眼前穿梭着一代代钱氏子弟忙碌的身影，百年书香，五代传奇。

金山钱氏家刻书坊的文化活动，时间从清末光绪朝向上可追溯到乾隆年间，横跨一个多世纪（载姚光编《金山艺文志》）。1990年版《金山县志》记载着这个家族参与校勘刻印的有五代19人，其中"树"字辈四人，他们是：钱树立、树本、树棠、树芝；"熙"字辈七人，他们是：钱熙祚、熙泰、熙辅、熙载、熙彦、熙輿、熙哲；"培"字辈五人，分别是：钱培名、培让、培益、培荪、培杰；"铭"字辈两人，分别是钱铭烈、钱铭圭；"国"字辈有一人，为钱国宝（作者注：此处记载有误，金山钱氏并无"国"字辈，钱国宝应为钱铭彝，第五代刻书传人也应是"润"字辈）。当然钱氏家族的刻书辉煌中，还少不了两位晚清名士的身影——南汇张文虎、同邑顾观光。

在他们的代代努力下，《守山阁丛书》120种656卷、《珠尘别录》28种、《指海丛书》20集141种404卷、《艺海珠尘壬癸二集》42种、《小万卷楼丛书》17种等从钱家的刻书坊源源不断地诞生出来。所谓"珠尘"是指钱熙祚编辑《守山阁丛书》时发现还有许多重要著作未被收入，为免这些孤本"宝珠蒙尘"而失传，特别编"别录"，使以"重光"。"守山阁"，指的是秦望山西侧的楼阁，即钱氏宅第之别号。

在这五代19人中，青史留名者也甚多。民国版的《中国名人大辞典》就载入了钱氏刊书代表人物钱熙祚、钱熙辅。

钱熙祚这个名字我们已经很熟悉了，在《湖楼校书记》中，他就是西泠之行的主角之一。若以“内圣外王”而论，钱熙祚可以算是钱氏中人的代表，为官处事自不用再说，其对书的热爱更是了得。钱熙祚从小聪慧，勤于思考，学习刻苦，而且特别爱探究古籍奥秘，但凡艰辞奥旨，靡间洪纤，他都能洞若观火。如此天赋和长年累月积累的学识也为他最后的成就奠定了基础。

道光十三年（1833），钱熙祚完成宋章樵注《古文苑》21卷，刻板行世。道光十七年（1837），钱熙祚在宗祠堂后建阁以贮书，取名“守山阁”。楼分四层，同时聘请名士如顾观光、李长龄、张文虎等在藏书楼中校勘、抄书，每日校书八十余种，抄书四百余卷。书阁位于湖湾之处，湖光山色，碧波荡漾。从此，钱熙祚带领着同门兄弟，仿佛拧上了发条一般开始校勘刻书，钱氏刻书从此名声大作。

道光中，钱熙祚得到了常熟张海鹏《墨海金壶》残版58种。《墨海金壶》是大型丛书，辑于嘉庆年间，原有117种，后版毁于火。钱熙祚得到残版后，计划加以校勘增纂，约请其兄熙辅、弟熙泰、熙哲，从兄弟熙载、熙彦、熙经等，并延请同里顾观光及在钱家坐馆的南汇人张文虎协助，于道光十四年（1834）开始，三度赴杭州文澜阁查阅《四库全书》，分头校勘，纠正错讹、脱漏，并收集补充了大量新的内容，到了道光二十四年（1844），历时十年，终于完成这部巨著，定名为《守山阁丛书》，分经、史、子、集四部，112种656卷，主要为宋元明三朝名著。

这部丛书刊出后，钱熙祚又把《墨海金壶》中未收入《守山阁丛书》的28种辑成《珠丛别录》82卷，其内容多为医、农、道家、艺术方面的书籍。接着又根据张海鹏所辑《借月山庄汇钞》残版，经校勘、增辑，重编为《式古居汇钞》，共收各类古籍49种135卷。

可惜天妒英才，钱熙祚于道光二十四年（1844）病逝，年仅44岁。他去世后，其子培让、培杰遵遗嘱续辑完成《式古居汇钞》，于道光二十六年（1846）刊印。接着钱培让、钱培杰兄弟又在《式古居汇钞》的基础上增补至20集144种，易名为《指海》，亦在道光二十六年（1846）完成。

除了以上这些著名刻本，钱熙祚还校勘了《黄帝内经素问》《内经素问灵枢》等医学著作。

钱熙祚为校勘、出版丛书耗尽毕生精力，由他所刻之书皆为12行绿格，在格外印有"守山阁抄本"字样。据序中所称，三部丛书所收均为古代撰述、佚而仅存之书，短篇著作易于散佚之书，近人著述有关政治、风俗之书。又选《素问》《灵枢》等书刊印，均以秘籍称。对文献辑佚、保存传播有贡献。藏书印有"钱熙祚鉴藏书画之印记"。

钱熙祚的丛书至今仍被认为是"校勘精审的善本书"，得到了很高的评价。钱熙祚的《守山阁丛书》和《指海》甚至还吸引了朝鲜使臣远道而来，重金求购。清代学者阮元说："其书迥出诸学丛书之上。"清末重臣张之洞则评价道："其书在五百年中必不致泯灭者也。"

熙字辈里，还有一个人不能不提，他就是钱熙泰。钱熙泰（1812—1860），字子和，号鲈香，著名的《文澜阁续抄书目》均由他执笔。

《湖楼校书记》里也有他的身影。在钱熙泰自己的日记《钱鲈香先生笔记》中，也详细描写了兄弟友人齐赴文澜阁查阅校勘书目，并结伴而游，寄情山水的故事。

“先生生平与同邑顾尚志先生（观光）、南汇张啸山先生（文虎）最友善。道光乙未秋寓西湖，就文澜阁校书之役。三先生外，李兰垞、钱雪枝二先生也。雪枝先生名熙祚，鲈香先生之兄，即刻守山阁丛书者。其道光己亥二度校书，庚子三度校书，皆寓湖上之弥勒院十三间楼；则先生与啸山先生二人也。先生爱游，所至必穷其胜，校书得暇时，复出游，与啸山先生偕。湖上胜地既遍，乃更西至天目、九锁；南渡江，登会稽，探禹穴，访兰亭。”

在这本笔记中，还附有《西泠校书记》一则：

“乙未秋八月，予兄雪枝有文澜阁校书之役，订游西泠，又一越月，从兄即山，始定行期。于时秋爽，山水方涿，天助人与。同游者为顾君尚之、张君玉尹、李君兰垞、雪枝和我同寓湖壖。借湖山之胜，聊朋旧之欢，又得书窥中秘事，乃人生一快事也。”

由此可见，校书刻书虽然工程浩大，但在钱氏众人心中，绝非什么苦差事，而是一件乐事和一种人生寄托。心性使然，兴之所至，钱氏刻书能够做出这样的成绩自然也是水到渠成了。

此外，钱熙泰尚著有《锄月吟稿》《古松楼剩稿》等诗集。当然，如今倘若你想研究金山历史，也一定会参考查阅钱熙泰在咸丰八年完成的《金山县志》稿8册，此版《金山县志》今藏于上海图书馆。而后的光绪四年版《金山县志》也是根据此稿“增损分合”而成的。

再说说钱熙祚的哥哥钱熙辅。钱熙辅，字鼎卿，曾任芜湖教谕，他的岳父系清嘉庆时南汇著名学者吴省兰，曾辑《艺海

王丙哲　桊峯。監生。山東沂水縣、臨清州等處巡檢，遷江西新昌縣巡檢。

王祖賚　候選州吏目。

王孫來　候選通判。

王熙載　凋莽候選，從九。

汪逢堯　同吉。歷署新陽、吴震澤等縣訓導。有傳。

王　淮　叔安。歷署金壇訓導，靖江教諭。見《藝術》。

王熙績　桂珊。廩貢。任安徽南陵教諭。

錢熙輔　任安徽蕪湖教諭。有傳。

錢熙祚　敘選通判。附傳。

錢熙泰　署靖江教諭。附傳。

姚亮采　州同銜，試用訓導，署丹陽教諭。附傳。

姚垂佩　試用訓導。歷署陽湖縣訓導、常州府教授，保陞通判。有傳。

王道勤　味腴。廩貢。鳳儀子。浙江候補縣丞。

錢熙載　候選鹽提舉。有傳。

錢熙經　試用訓導。附傳。

錢培名　候選縣丞。附傳。

盧道昌　户部山東司主事，保舉藍翎加四品銜。有傳。

姚垂義　奏唐。亮采子。候選縣丞。

姚垂基　春漁。垂佩從弟。監生。光禄寺署正。

王貽德　裕堂。監生。浙江烏程主簿，補富陽縣丞。

錢國寶　原名銘彝。兵部員外郎，改同知。附傳。

錢銘庚　蓮甫。培名子。監生。光署正銜，即補詹事府主簿。

黄啓賢　伯承。廪貢。浙江候補縣丞，保陞知縣。

姚裕晉　浙江候補通判，陞用直隸州知州，加四品銜。有傳。

陳國昌　月岩，附貢。同知銜，直隸候補知縣。

錢　廉　直隸候補通判，藍翎四品頂戴。有傳。

盛勤垣　眉蓀。道昌嗣子。監生。四品花翎。兵部武選司主事。

姚裕謙　介山。垂基嗣子。附貢。四品花翎，户部浙江司員外郎。

姚裕鈞　柳邨。裕晉從弟。監生。任浙江錢塘縣丞。

張　錫　原名本錫。純嘏。振鏞曾孫。監生。任廣東龍門縣典史，代理龍門縣事。

張本錤　石齋。錫弟。監生。四川補用典史。

錢培蓀　浙江候補同知。附傳。

姜光國　詹事府主簿。附傳。

錢培杰　花翎，候選同知。附傳。

高　煒　吟樑。附貢。五品銜，候補詹事府主簿。

姚後啓　子夔。垂佩孫。監生。安徽鳳臺典史，調補含山縣典史，加六品銜。

姚後馨　子貞。裕廉子。附貢。兩浙候補鹽經歷，加五品銜。

何　煌　望遂。附貢。浙江補用典史，准補泰順縣典史。

錢銘勳　原名銘鏞。浙江候補通判。附傳。

錢銘江　禹門。附貢。直隸即補知縣。

錢銘銓　選青。廪貢。光禄寺署正。

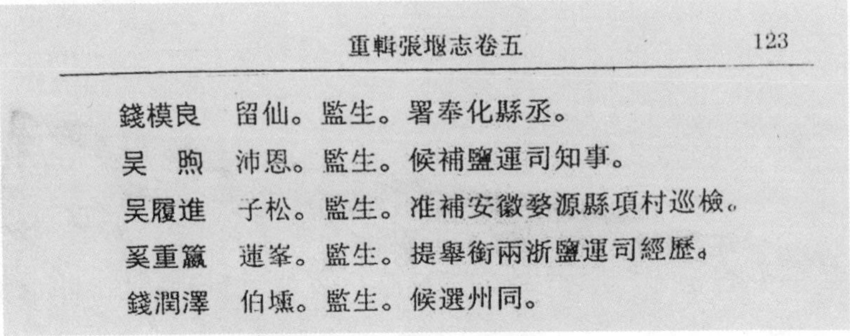
重輯張堰志卷五 123

錢模良　留仙。監生。署奉化縣丞。
吴　昫　沛恩。監生。候補鹽運司知事。
吴履進　子松。監生。准補安徽婺源縣項村巡檢。
奚重籙　蓮峯。監生。提舉銜兩浙鹽運司經歷。
錢潤澤　伯壎。監生。候選州同。

清代《重辑张堰志》中记载的金山钱氏名人

祖传古笔筒（荣晖保存）
（钱荣培手迹）

钱熙泰给孙子钱铭钟笔筒

祖传配件（钱基敏惠存）

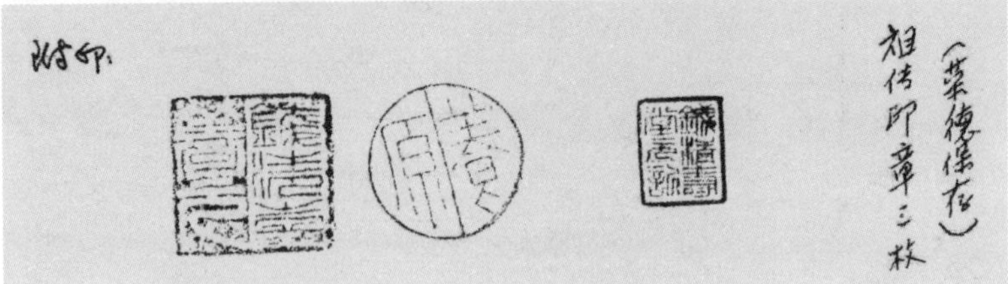

祖传印章三枚（钱荣德留存）

珠尘》丛书，以天干为序，随校随刊，共完成甲至辛8集163种而逝世。为了帮老丈人完成未竟之业，钱熙辅续辑壬癸二集，共收书42种，内容为唐宋以来松江府地方文献，包括经学、小学、舆地、掌故、笔记、小说、天文、历算、诗文等，并于道光三十年（1850）刊成。此外，他还校勘重印有《海国图志》《重学》，著有《勤有书堂剩稿》诗集。

在金山钱氏的“培”字辈中，也有一个人值得介绍，他就是钱培名。钱培名，字梦花，曾为候选县丞，钱熙祚从侄。其父钱熙经，曾协助钱熙祚校勘《守山阁丛书》和《指海》，该书完成后，认为“古今宜刊的著作尚有许多”，拟继续编辑，但因病未能如愿，遂于道光末年令其子培名编校《小万卷楼丛书》，仍由顾观光、张文虎协助，按《守山阁丛书》体例编辑，至咸丰四年（1854），因太平天国战争中止，《小万卷楼丛书》共17种，68卷。钱培名除了校勘讹误外，还对其中《越绝书》《申鉴》《中论》《医经正本书》《陆士衡文集》等书各附《札记》1卷，增补了逸文、脱文。光绪四年（1878）重刊时，撤去《续吕氏读诗记》3卷，易以顾观光的《武陵山人杂著》1卷，为17种66卷。为此，当时的金山县学使专门奖给他“家风好古”匾额。钱培名死后于光绪十三年（1887）被列入清芬祠，加以纪念。

传承五代，绵延百年的金山钱氏刻书事业绝非仅仅只是上述这一小部分才俊的功劳，应该说，那个时代所有的钱氏子弟都参与到了这一伟大而浩瀚的工程中去了，有些人或许并未青史留名，但他们爱书、爱家，在琐碎而漫长的校读工作中奉献着自己的力量。比如钱溥仪的长子钱树立。钱树立（1764—1805），字希成，号素然。他生性严谨，喜欢读书，无论是严寒还是酷暑都手不释卷。钱树立非常喜欢搜罗典籍，每每得到了一本奇书，经常看得废寝忘食。钱树立藏书之巨，在当地无出其右，他自己所刻的文史艺林，一经出版就引得争相抢购。钱氏家族刻书之风盛行之时，钱树立与众兄弟齐心协力，择剔证据，出入未尝为空言。然而，虽然钱树立学力深厚，但因为身困俗物，虽然自己年轻时曾经编过几本书在小书坊刊印，但自己真正想写的书终其一生并未写成，只留下了《经学质疑》12卷、《读史管见》8卷。

当我们回望这百年刻书史，就可以发现，金山钱氏家族为了编书刻书，不限辈分，不限门户，一代未成，后代为继，本族与客族结合，对待名著择其精华专辑成书，但仍录其余稿备存，这种务实的协作精神与坚韧不拔的毅力在后世广为称颂。

四、珍品荟萃

遍观钱氏校勘翻刻的作品，最为著名的莫过于《守山阁丛书》《指海》《艺海珠尘》和《小万卷楼丛书》这四部巨著。自从这四部巨著问世，钱氏校勘古籍名著的名声大振，不仅在大江南北深受赞誉，并且引起国内外文坛的关注。朝鲜使臣要以重价购其刻本，钱氏都未允。钱熙祚、钱熙辅两人也因此在清代校勘界崭露头角，被编入中国名人大辞典。

在金山钱氏的刻书成就中，《守山阁丛书》毫无争议是那颗皇冠上的明珠。它的著成过程之曲折艰苦，也远超常人想象，若非万分坚定的信念和赴汤蹈火般的热忱，它将绝无问世之可能。在编刻之初，钱氏获得了张海鹏镌刻的《墨海金壶》。该书内容以宋代以后名人著作为主，采用永乐大典的四库全书本资料。有些是刻版已毁的旧刻本，张海鹏曾加以详细校订过。全书共117种，分经史子集四部。后来《墨海金壶》的大部分版子被火烧毁。钱熙祚得到其残版后，确认是一部善

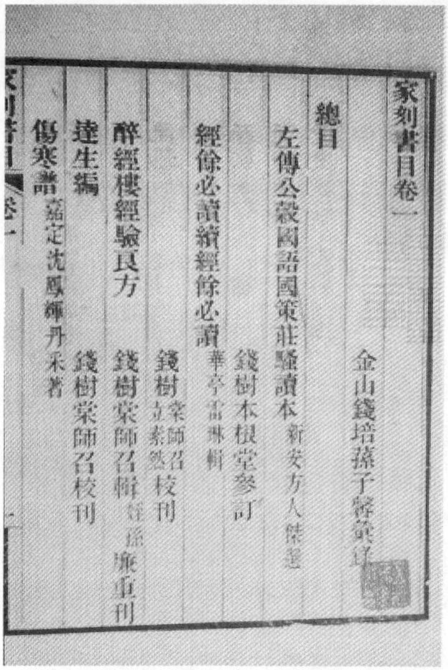

家刻書目卷一
金山錢培蓀子馨[illegible]
總目
左傳公穀國語國策莊騷讀本 新安方人傑選
錢樹本根堂參訂
經餘必讀續經餘必讀 華亭雷琳輯
錢樹棠師召 錢樹立素然 校刊
醉經樓經驗良方 錢樹棠師召輯 姪孫 廉東刊
達生編 錢樹棠師召校刊
傷寒論 嘉定沈鳳輝丹采著

金山錢氏家刻
書目十卷

书，但也发现张海鹏在编辑中有取舍不当、脱文错行和错字失检的地方。钱熙祚得知该书所辑的原著藏在杭州西湖文澜阁藏书楼后，同熙辅、熙载、熙泰、熙经一起约上张文虎、顾观光分期分批去文澜阁校对勘误，还在文澜阁搜集补充了许多新内容，比如阮元在嘉庆年间进呈的善本珍本、嘉兴楞严寺支那版《华严经音义》、临啸书屋的《能改斋漫录》等。钱氏众人在校刊时，如果没有别种刻本可作范本的，则广引多种版籍加以引证，或注按语，或加札记。花了整整10年时间，终于刊成巨著《守山阁丛书》并刻成木版。

《守山阁丛书》全书110种（652卷）。为了回顾在文澜阁校书场景，钱熙祚还创作了孤麓校书图，钱熙泰则创作了十三间楼校书图。长洲叶昌炽有纪事诗一首："湖上群山山上楼，校书人共住楼头，写官楼下雁行列，门外借书入系舟。"诗句生动反映了钱氏在文澜阁校书的情景。南阳叶德辉《书林史话》中提及，守山阁钞本为十二行绿格，格栏外有"守山阁钞本"

五字，为近时精钞本中之可贵者。

《守山阁丛书》一经问世就大获好评。江苏仪征阮元（清乾隆进士，曾任湖广、两广、云贵总督，体仁阁大学士）及安徽绩溪胡绍翚（曾任内阁中书、户部主事）为《守山阁丛书》写了双序。阮元曾说："其书采择校雠之精，迥出诸丛书之上。"清同治进士，曾任翰林院侍讲学士、内阁学士的张之洞则预言："其书在五百年中，必不泯灭者也。"

张鉴《金山钱氏守山阁藏书记》："去金山县十八里曰秦山，山石柔脆。道光丁酉，官以筑海塘伐石，别驾钱雪枝尊甫持论为无益。庐墓千计，徒被毁掘，命雪枝倍其输，以高当事得已。由是闾里相与庆于路，乃构宗祠于麓，复为阁以贮藏书，额曰守山，盖自其祖羽章先生来居此，垂二百载，冀与此山相守于无穷也。"

熙祚《西湖杂咏诗》："杨柳湾边僦小楼，画中诗思镜中秋。清风入座丹黄罢，四壁湖山作卧游。一角孤山倚日边，文澜光彩照湖堧，草茅何福窥中秘，身到琅嬛第四天。"自注："阁凡三层，连平地为四。"

壬、癸二集，及刊《重学》，钱县丞培名辑《小万卷楼丛书》，君皆与参订。"又《勤有书堂剩稿序》："鼎卿先生好沈默渊览，晚岁常居郡垣谷阳门外别业，聚书益多。春木姚丈为取韩退之语，额之曰'勤有书堂'。"又《孤麓校书图记》："浙江文澜阁，在西湖孤山下，功令愿读中秘书者，许领出传写。道光乙未冬，钱锡之通守辑《守山阁丛书》，苦民间无善本，约同人侨寓湖上之杨柳湾。去孤山二里许，面湖环山，上有楼，楼下有群胥。间日扁舟诣阁，领书命钞，毕则易之，同人居楼中校雠。湖光山色，滉漾几席间，意豁如也。是役也，校书八十余种，钞书四百三十二卷。同游六人：金山钱熙祚、熙泰、顾观光、平湖钱熙咸、嘉兴李长龄、南汇张文虎。"又《十三间楼校书图记》："西湖宝石山之半，盖有宋十三楼旧地，为东坡守杭时治事之所。今地入弥勒院，郡人瞿君世瑛重葺。己亥庚子秋，钱君熙泰续文澜阁校书之役，偕予两寓于此。楼前为后湖，夹岸即锦带桥，动止飧寝，皆在竹荫岚翠中。"

摘自《笔记小说大观》（全45编450册，台湾新书局编）

只可叹天意弄人，战火无情。保存在钱家楼阁里的《守山阁丛书》如此之皇皇巨著不幸在咸丰庚申（1860）太平军战事中被毁之一炬。直到光绪十五年（1889），上海鸿文书局印出影印本，但流传极少。等到民国十年（1921），上海博古斋又为之影印缩本，并附《珠尘别录》。此别录系钱熙祚将《墨海金壶》的精华辑入《守山阁丛书》，后又将较次要内容另辑成别录。意在不使“珠尘”丢掉。

钱氏刻书坊出品的《指海》是又一部容量巨大的名著。钱熙祚在《守山阁丛书》刊出后，又仿照安徽歙县鲍廷博《知不足斋丛书》的体例编辑《指海》。《指海》所辑内容有两类：一类是古今书籍仅存孤本，从来没有刊刻的；或原版已废，成为碎金玉片易失散的零星单行版本；或虽有流传，但没有经过著录，其内容大多是关于科学、政治、风俗、社会舆论等；另一类是原本已失传，后来翻刻的版本一传再传，承袭谬误，已丧失本来面貌的，或者原书已久失，依赖他书援引，只略存梗概的。凡此种种，钱熙祚都广泛对照多种书籍加以校勘。为了使读者更加方便地复案查阅，钱氏刻书人还一一说明出处卷目。值得一提的是，张文虎、顾观光这两位老朋友也再一次参与到《指海》的校勘工作中去，与钱熙祚们并肩作战。

钱熙祚随校随刊，刊至第十二卷而病逝。其嗣钱培让、钱培杰遵遗嘱与顾观光、张文虎就存稿原例继续编纂。至道光二十六年（1840）续编8集，全书共20集，141种404卷，并附《守山阁剩稿》一卷。书前冠有绩溪胡绍翚序，钱培让、钱培杰有跋。胡序称：“所采多发明正学，有关治术于支离琐屑鄙俚谬悠之说，概置勿录，可谓博而有要。”在历史地位上，《指海》取材精湛，体例完备，足与《守山阁丛书》相媲美。

说到《艺海珠尘》，首先要提钱熙辅的岳父南汇吴省兰。正是这位吴老先生率先编辑《艺海珠尘》，以经史子集为序，随校随刊，书未成而逝世，仅完成8集。吴老先生的女婿钱熙辅于是按原例增辑2集，书名《艺海珠尘壬癸二集》，全书共42种。在编辑过程中，顾观光也参与了校订。《艺海珠尘》最终于道光三十年（1850）刊成。钱熙辅有跋。其前8集170种，多数是有关松江府的地方文献，对研究松江府历史有重要参考价值，极为珍贵。

《小万卷楼丛书》的成书过程也体现了钱氏家族的书香传承。钱熙经曾襄助堂兄钱熙祚搜辑《守山阁丛书》及《指海》。钱熙祚病逝后，熙经认为古今宜刊的著作还有许多，想要继续编辑，可是因病而未能如愿，于是勉励其子钱培名编辑《小万卷楼丛书》。钱培名遂邀顾观光、张文虎相助，成书后，书尾有跋，述其著书条理及成书的始末。

可叹，可惜，可悲！书逢乱世，贱若柴薪。咸丰十年（1860），太平军过境，军兵将钱氏刻书坊洗劫一空。近代学者、金山名士姚光曾这样形容当时的惨状："兵匪所至，书籍版片无留焉。即有孑遗，书以裹物，版以为薪……行军以天雨泥泞，取书版铺道路，延亘至数里，冥冥浩劫，可胜慨哉！"乱兵过后，钱熙祚嗣子钱培荪深感已无力再重新刊刻，于是和张文虎商量（此时顾观光也已病逝），先辑钱氏世代所刻书目、序、跋、校勘记等一编，又以战乱后新刻共10卷，其书方成而病卒。钱培荪的妻子又让他的小儿子钱铭壁复请张文虎校雠并为之序，最终于光绪四年刊成，终于能让今天的天下之士仍能得知钱氏刻书之原委。

五、文化传承

据记载，钱氏家族校刊历代各类名著达一千余卷（记载于新编《金山县志》)，内容分为子、史、经、集四类，即现代图书分类法的医药、数学、哲学、佛学、天文、地理、历史、文学等。所刻书籍注重收集精品孤本。从先秦诸子学说到当代精要，可谓包罗万象。

如果要细说钱氏勘印书籍在中国文化史上的积极意义，主要有以下五个方面。

首先，钱氏刻书搜集抢救了一批历代孤本名著免遭湮灭。如《守山阁丛书》整理辑录自半部《墨海金壶》，有些内容是皇家四库全书中也没有登载的(《支那华严经声仪》记载)，故说金山钱氏的刻书事业是悠悠中华文明传承中重要的拾遗补阙。

其次，钱氏刻书勘误、注释、批注了一些名篇，避免了谬种流传。比如，原《墨海金壶》"多有疏漏之处"(姚光《金山艺文志》记载)，经过钱氏辑录时注明来源出处，转承捭阖、来龙去脉交代清楚，对后人追溯历史、考证研究等有着重要意义。

再次，钱氏刻书对向普通大众普及文化知识也做出了卓越贡献。在封建社会里，善本、珍本名著大都被皇室、达官和少数文人居有，一般人难以借阅。因此钱氏数代人立志校勘刊刻历代名人著作，起到传播文化的作用。同时，围绕校勘刻印，文人间书信札记、吟诗唱和及著述交流，繁荣了民族文化。如名士戴煦、董裕诚，学者李善兰、项名达都是名重一时的同代好友。

其四，钱氏所刻之书或留作家藏，或用作学馆授学，或馈赠亲朋，或为好友义刻(如为顾尚之刻书留传)，从事的是非营利性文化传播。

其五，从长远来看，钱氏刻书还造就了一批学术人才。仅据1990版《金山县志》记载中的统计，钱氏家族能独立著述、校编的就有五代19人之多。晚清的一代大家名士顾观光和张文虎更是在钱氏刻书坊浸润多年。顾观光青少年时就常在钱家博览群书，中年时帮助钱氏校勘《守山阁丛书》达十年之久，这些文化经历，对他中晚年研究著述大量自然科学文献有着重要作用。坐馆钱氏三十多年的南汇才子张文虎，晚年被曾国藩聘去做幕僚，受命校刊《王船山遗书》，可见钱氏刊书活动的影响（摘自新编《南汇县志》）。

当我们仔细追溯顾观光和张文虎的生平履历，不难发现钱氏刻书对他们人生的巨大影响。

顾观光（1799—1862），字宾王，号尚之，别号武陵山人，清代数学家、天文学家、医学家，上海金山区钱家圩（今属金山卫）人。弃科举以行医为业，诊病之余，系统研究了我国历代的历法和数学名著。主张“中西之法可互相证，而不可互相废”。

据传，顾观光童年与钱家儿孙钱培名为同镇发小，因此他才有机会走进钱家大院。钱家藏书之丰，有小万卷楼之称，钱家族长见顾观光天资聪颖、酷爱读书，准许其进入藏书楼阅览。至青年，顾观光读完全部藏书，对医术尤其喜爱，对天文算数书籍读后会计算推演。他的学识得到了钱家长辈的奖掖，聘其进入刻书坊做了多年的校勘工作。从此，顾观光的自学自研就更加勤奋了，陆续写出了《九数外录》《周髀算经校勘》古代算术研究以及《伤寒经解》等医学理论著作，钱家用自家的刻书坊为其刊刻。中年，顾观光的医术造诣已经小有名气，开始接受四方病患的求助，往往诊断正确、药到病除，名声传播广远。其间，顾观光边行医边研究，又陆续写出了《顾氏推步简法》《七国地理考》《国策编年》等十多部著作。1861年，顾观光母亲病逝，同年大儿子和二儿子跟着太平军私自出走，音讯全无，不久妻子与小儿子又相继去世。两年中家里亲人或出走或离世，最后只剩下自己孑然一人，这无疑对顾观光造成了极大的打击，最终让他郁郁成疾，于1862年去世。顾观光去世后，他的好友，钱氏刻书第三代的中坚力量钱培名从太平军烧毁的书版灰烬中挑拣出可用之才，为使他的学术思想不至于湮灭，整理刻印了《武陵山人杂著》汇编，这是钱家刻书坊的绝版制作，在此之后，这个家族近百年的文化传播活动就此中断。

顾观光成为近代天文学家、数学家，这是钱圩人的骄傲与光荣，他的学术著作得以刊刻行世，得益于钱氏家族的鼎力相助。当然，他们之间有着乡谊和私谊，志同道合，惺惺相惜，随着数十年的交往合作，这样的情谊无疑已经升华到了大义的范围。

张文虎（1808—1885），字孟彪，一字啸山，号天目山樵，南汇周浦（今上海浦东）人，由诸生保举训导。张文虎性情沉默而谦和，对友人坦率、诚挚。因家贫，靠友人资助入学，成年后便离家到金山钱家坐馆。历经30年后，1883年受江苏学政黄体芳之请，出任南菁书院首任院长。

钱家是书香世家，家中藏书甚丰，张文虎利用课余时间致力于经学的研究，尝读经学家惠栋（1697—1758）编著的《周易述》《易双学》及《古文尚书考》等书。

由于张文虎勤奋好学，博览群书，学艺日精。他阅读唐宋学者对经书的注疏，加以融会贯通，简要地写下了自己的心得体会，使之成为张氏的一家之言，为时人所推崇。所校《守山阁丛书》，共18种，60卷。《小万卷楼丛书》等多种，世称善本。张文虎还精通天文、数学知识。1871年（清同治十年），张文虎充任曾国藩（1817—1872）的幕僚，时值曾国藩的弟弟曾国荃在安庆校刊《王船山遗书》，于是嘱托张文虎参与督理此事。次年，洋务派首领李鸿章总制两江，聘请张文虎参与管理江南官书局。又次年，蜀督吴棠又聘张赴川中，主持尊经书院讲席，张文虎终以路远和老病辞谢不往。1883年，张文虎出任南菁书院首任院长，并撰写了《南菁书院记》。晚年，张文虎还曾纂修华亭、奉贤及光绪南汇县志。1885年（清光绪十一年）正月，77岁的张文虎在松江府的复园（钱培荪宅第，名字来源为太平天国后被毁重建恢复之意）逝世。

张文虎幼年时见插架书，辄自翻阅，信笔评其是非。尝三诣文澜阁纵观四库书，手自校录。他精于校勘，帮助金山钱熙祚辑《守山阁丛书》，出力尤多，又为钱熙辅、钱培名校《续艺海珠尘》《千癸集》《小万卷楼丛书》等书，凡经他所校之书，时称善本！

同顾观光一样，张文虎在金山钱氏坐馆30年，自然与钱氏众人渊源极深。在流传于后世的《张文虎日记》中，能看到许多处他与钱氏子弟的往来细节，而且主要是和“培”字辈的往来。

“十九日（9月16日）小雨，凉甚。戴子高进局，与刘叔俯同居……钱二泉、徐古香、蒋于石来辞行。”“十二日（5月23日）晴，放船至张堰访钱二泉，留午饭。”这里的钱二泉就是钱培廉。从日记中看，张文虎和钱培廉还经常有书信往来。

张文虎显然和钱培荪及钱伟甫（即钱培杰）最为熟络。“三日（5月14日）晴……访钱子馨别墅，不值，伟甫适寓此尚未起。”“五日（5月16日）晴。放舟入城，访王兰莹，张筱峰，钱伟甫同茗叙。”

有时候，张文虎和培荪、培廉们一聚就是好几天。“十三日（5月24日）小雨。至松隐，访陈柳溪，留午饭，即同访钱梦花（即钱培名），苦留夜饭。梦花子廉甫近颇喜作诗，为人亦恂恂，钱氏佳子弟也。”“十四日（5月25日）晴。梦花约同赴朱泾。访温凤楼，旋知尚未回署，不果。乃苦留，柳溪来陪，夜饭后作别回舟。”“十五日（5月26日）晴。访钱子馨（即钱培荪），因同入城访郭友松，不值，遇诸途。同访顾秋岩，其寓东即张耕野也，他出不值。与友松至会鹤楼茗叙。晤姚铁梅，尚老健。适子馨与董吉人、王韵仙至。子馨请留明日小饮，辞之。夜饭月嵩初，留宿。子馨复请人来请，并坚明日之约。”“十六日（5月27日）薄晚放船出城，赴子馨之招。”

说书解文、谈天说地、结伴而游，与其说张文虎和钱家人是主雇之间的关系，不如说是投契知心的密友。“廿九日（7月8日）阴。伟甫、子馨、听甫（帆）来。夜，黄子慎招与伟甫、子馨、王纶仙小饮。饮讫，子馨又邀同伟甫、纶仙至满庭芳观剧。灯光交映，金鼓喧嚣，迷离如梦。四更如城，及就枕，则邻鸡喔喔矣。”

无论是顾观光，还是张文虎，这两大才子与钱氏子弟的情谊，以及他们所共同开创出的刻书功绩将永远成为金山的一段历史佳话。

六、金山之光

根据现存史料上的种种记载，加上民间也有钱氏“天下刻书第一家”之传说，我们可以基本确定钱氏一族在历史上刻印书籍活动的真实性。钱氏刻书之所以能绵延百余年，闻名天下，并不是偶然所致。时也势也，正是多种因素造就了金山钱氏的刻书辉煌。

倘若考证上海姓氏起源，金山钱姓是五代吴越王后裔。现存家谱记载，约在明代从浙江临海钱氏一支作为盐官派驻奉贤，于明代末年移居金山。倘若以政治影响而论，钱氏在各朝历有做官人物，清朝中期尤多。仅据金山县志摘登就有十多人。因此，他们有搜集散处各地书籍之能力，也有判断书籍之价值及校勘的治学基础。如《守山阁丛书》原自《墨海金壶》残版，《墨海金壶》采自《永乐大典》，仅此便可见钱氏的眼力。(《永乐大典》刚编完，原著即失传于世，是中国文代史上的一个大谜。其抄本大陆仅存百多册，台湾也只有千多册，远不及全部万册的十之一二，从这个侧面也证明《守山阁丛书》的珍贵。）

倘若以金山钱氏自身的著作而论，通过查阅县志，可以统计出钱氏著作9篇（可能只是钱氏全部著刻的部分记载），校刊40篇（或部或丛书）计一千多卷，除其中6篇著作散载在其他集成中，且全部有刻本存世，而观同代人的刊印本不及20%，这证明，钱氏有“家刻书坊”这个便利“基地”。

倘若分析刻本的保存收藏，可以发现金山钱氏根本不差“藏书楼”。钱熙泰著《十三间校书图》，十三间即十三房。特别是书中详细记载校勘《守山阁丛书》的十年艰辛及同族、叔侄和朋友参与的事实。曾有学者访问了钱圩镇中上了年岁的老人，得知钱家保素堂在五埭头（现镇东粮管所仓库）；敦素堂俗称敦素里（现镇中供销社化肥仓库；河边还有原石驳岸残迹）；另有镇西“横圈里”（老木业社）、镇南现医院、镇北现机关所在地等。诸多的宅第对校书、藏书、刻书及存放原刻板提供了极大的便利。

再者，钱家圩地处古柘湖西北岸的水网地带，出行主要靠舟船，若钱氏每编一书皆外出付梓，费时又不省力，似乎不大可能。另据姚光编《金山艺文志》记载：咸丰十年，太平天国转战钱家圩两年间，“兵丁用书裹物，焚版代薪，天雨泥泞取书版铺路，延亘数里”。

倘若洞察金山钱氏的一贯人品，不难得出结论：同钱氏家族历史上曾经疏浚水系、筑海塘保秦山、赈粮救荒、造桥兴学等善事一样，传播中华文化在他们看来也是理所应当的善举，并非一时之兴。

清末，钱培荪（钱氏后裔）整理太平天国战乱后劫剩的书稿，编存《金山钱氏家刻书目》一书，这是钱家所刻书籍的汇总备忘。所谓“家刻”不但证明是钱氏出资刻印的，而且还是在“家”里刻的。

时至今天，金山钱氏守山阁后人之一——上海市原商检局副局长钱模毅也曾回忆，家曾有“家刻藏书《守山阁丛书》多部，‘文革’中，被商检局红卫兵抄家搜去，后屡讨，有关方面承认但无书归还”。

七、陈香难觅

清末时，当朝大学士张之洞在看过《守山阁丛书》后曾称赞说:“其书五百年中，必不泯灭也。”（引自《金山艺文志》）

只可惜，事与愿违。

俗话说，古书画千金难求。钱氏搜书刻书这个浩繁“工程”，带来巨大的财务负担，至清末，兵荒马乱的局势已经让钱氏家族的这份事业渐渐难以为继。

太平天国的战火则给了钱氏刻书坊致命一击。太平军来袭，集钱氏几代人心血为之搜求的家藏珍籍和校勘编纂的大量原稿、原刻母版遭到毁损，这也极大地打击了钱氏众人的精神。一夜之间，前人百年的心血付诸东流，怎能不让人捶胸顿足、扼腕叹息！加上混乱的时局导致经济状况不容乐观，金山钱氏的刻书事业渐渐式微了，最终画上了句点。

据查，顾尚之逝世后，钱培名为使其学术不致埋没，整理刻印了《武陵山人杂著》等第一批钱氏家刻的绝版。而自日本侵华起，钱氏后裔陆续外迁避难，驻留看守祖业的一支，经新中国成立后的历次运动也断了唯一可寻的直接线索。

新中国成立后，相关的文物普查似乎也没有对钱氏刻书坊给予足够的重视。如今，在钱圩的一些老文化人就表示，20世纪60年代，第一次普查文物就谈不上对遗迹加以保护，旧址在岁月沉浮中拆的拆，改的改，早已经面目全非。

钱氏校勘翻刻最为著名的为《守山阁丛书》《指海》《艺海珠尘》和《小万卷楼丛书》四部巨著，现在在上海图书馆藏有部分原刻本，其中《守山阁丛书》在民国时期被上海商务印书馆重印。2000年左右，金山当地文化部门曾调查钱氏家刻书坊旧址，可惜这个历时一百多年的文化工程，其大量木刻原版被盘桓钱圩长达两年的太平军垫泥路和烧柴毁灭殆尽，刻书工具和印刷之类物品也在历次战争和运动中荡然无存。

虽然钱氏刻书的事业因为兵乱被迫中断，无数珍贵刻本被付之一炬，这段绵延五代的刻书传奇也因此画上句号。但我们不能忘记，在此后的岁月里，金山钱氏的后人们依旧为书而痴，在乱世中充当着中华文化的守卫者。

清末，有一位松江名人叫韩应陛（字对虞，号绿卿），他是道光二十四年（1844）举人，官至内阁中书舍人。韩应陛不仅身居高位，而且勤于学习，终日手不释卷，好读周秦诸子，又擅长译算及西方“格致”之学。当时，英国人伟烈亚力与李壬叔（善兰）续译《几何原本》后九卷，韩应陛为其复校而授之梓，颇得时人好评。

韩应陛盛名卓著。他还有一个我们熟悉的孙儿媳，那就是金山守山阁后人钱润文，她正是钱铭铨的女儿。韩应陛的孙子韩德均娶金山钱氏女子为妻并不奇怪，爱书的人总能成为莫逆之交，爱书的家族也往往能走得更近，更何况同在金山这一方土地上。韩德均（1898—1930），字子谷，号荀庐。韩三房位于中山中路844号松江区中心医院门诊大楼西侧，“韩三房”原意是指韩家第三房媳妇。韩家人丁兴旺，第三个儿子韩子谷娶了钱家千金为妻，旧时称三房。

关于韩德均娶钱润文还有一段有趣的历史，钱家千金在出嫁前有个条件，嫁到韩家要天天能看到娘家花园。当时松江城

韩三房（现为上海松江中心医院）

里城外大都为二层楼房，媳妇要天天能看到娘家花园，房子必须高于城内外所有房子。为此，韩家专门去上海市区聘请设计师精心设计。主体建筑为欧式水泥混凝土楼房，五开间，上下三层，占地300余平方米，于民国十四年（1925）建成。底层有前廊，设六根科林斯圆柱，进深三间，后廊接西式方亭。第三层上面加一层小楼，四周设有水泥护栏，楼顶置一拱顶敞开式凉亭，特意设计专为媳妇登楼观看她的娘家花园。楼前楼后还有大小花园，尤其是后花园，面积虽小，但小巧玲珑，有小池，池上建小桥，有古木亭轩，假山湖石，特别精致，看得出设计师花了一番功夫。这座欧式洋房，民国时期在松江城算得上第一，久而久之，人们把这座洋房称韩三房。至今他的宅第还保存完好。在清末的兵荒马乱之中，钱润文这位书香门第走出来的女子，也和丈夫一起上演了一段传奇。

咸丰十年（1860）闰三月十八日，太平军的战火正日渐逼近松江，爱书成瘾的韩应陛仍然买书不辍。是年五月中旬，太平军攻陷松江，韩氏父子为避兵乱，一路南行，韩应陛在逃亡路上不幸中暑，病发不治，逝世于漕泾。身后的巨量藏书由其子韩载阳保存，并辑其遗稿编成《读有用书斋杂著》二卷。

韩载阳的儿子韩德均成人后与钱润文结婚，并育有四子，次子早夭。乱世之中，韩德均夫妇对读有用书斋藏书的保藏功绩广为称道。他们除了请曹元忠代为编目外，还曾两次转移家藏善本，以躲避近代上海地区的战火。1924年9月3日，北洋军阀混战，当时江苏督军齐燮元联合福建孙传芳、安徽张文生向浙江督军卢永祥发动进攻。10月，江浙两军在上海近郊发生激战。10月13日，卢永祥东渡日本，通电下野，战争结束。当时的松江受战事影响，情势危急，人们纷纷四处逃难，韩德均夫妇也不得不护书外出避乱。随后，北伐军于1926年11月进军江浙地区，上海工人连续发动了三次武装起义，一度占领了上海，受到这次动荡的影响，韩德均夫妇再次出外避乱护书。

乱定归来，韩氏夫妇曾镌“甲子丙寅韩德均钱润文夫妇两度携书避难记”一印钤于书首，以为两次护书的纪念。他们另有“松江读有用书斋金山守山阁两后人韩德均钱润文夫妇之印”白文、朱文长方印各一方。韩德均著有《荀庐印稿》稿本四卷，捐赠上海图书馆。其藏印有“韩德均藏宋本”“韩德均所藏善本书籍”“韩德均审定金石书画”“韩德均审定珍藏真迹秘玩之印”“望云楼后人韩子谷珍藏书画记”等。

时光流逝，一晃七年过去了，韩德均钱润文夫妇也已经不在人世。民国二十二年（1933）六月三十日，吴县藏书家王欣夫、邹百耐赴松江韩三房观书后提及：“主人号介蘩，年仅十八，彬彬有礼，佳子弟也，招待颇殷。宿东门钱氏复园，主人选青先生名铭铨，守山阁后人，而介蘩之外祖也。适馆授餐，大有宾至如归之乐，临行又授我《舒艺室全集》。”

韩价藩，也就是韩德均钱润文夫妇的孩子。由于父母已逝，故授书一事由当时年未弱冠的韩价藩主持，外祖父钱铭铨从旁照应。而今所见读有用书斋藏书中，以韩价藩所钤印记为最多，大概他是想在把藏书转让给别人之前，为每本书曾藏韩氏留一证据。韩氏旧藏蓝瑛《仿大痴山水》手卷后有韩价藩的题识，结尾署“甲戌初冬雨窗，戏填田叔仿痴翁溪山胜览图卷于云松巢之铜香供养室，价藩韩熙并识。”

守山阁也好，读有用书斋也罢，尽管历史不再复返，陈香再难寻觅，但说到钱家圩钱氏家族的辑刻史，其注重继承、保存和弘扬民族文化传统的精神是值得一代代人永远纪念的。钱氏刻书的这段百年历史，或许会在不久将来，再次激荡起历史的沉钩，让世人感受到这一段东海之滨的书墨飘香。

第二章
金山望族

导语

“自明末清初迁入钱圩以来，钱氏家族对自身无疑有着‘内圣外王’的崇高追求。对于钱氏众人来说，于内以文养气，尊师重道；于外一言九鼎，引一时风气，为金山的经济社会发展做出了卓越的贡献。”

当我们回顾历代钱氏翘楚们的所思所为，翻看钱氏义庄保留至今的规章条例，漫步郁郁葱葱的“钱家花园”，就可以发现，钱氏之所以能够成为一方望族，名扬后世，绝非是偶然。

一、钱廉的故事

在中国哲学中，最被推崇的人格莫过于“内圣外王”的人格。所谓“内圣”，指的就是一个人的内在修养，所谓“外王”，指的是在社会上的作用贡献。

金山钱氏家族历经数代，在刻书事业上的卓越功绩已经为后世认可。然而钱氏子弟所追求的“内圣外王”之道并不仅仅如此，更是数百年来金山一隅百姓对于钱氏家族的认可，这靠的绝非是祖上的荣光，也绝非是大把的财富和土地，而是源于一代代钱姓子弟做出的贡献和表率，源于这个家族对这片土地做出的实实在在的贡献。

要在金山钱氏家族中找出一位声震江南的风云人物并不难，之所以要先说一说钱培廉，是因为他不仅符合了中国传统社会对士绅“以文养气，尊师重道”的定义；如果放到今天，他很可能还是一位极有个性的“网红人物”。从他的身上，显示了一种与众不同的生生活力！

钱培廉，字义泉，号二泉（1833—1908），这位晚清通判和晚清巨擘李鸿章之间有一段不为人知的轶事，足见钱培廉之为人风格。

有一天，钱培廉和同僚们一同拜会李鸿章。当时，李鸿章是权倾朝野的柱国之臣，威望非凡，为世人所敬仰。众人在拜会李鸿章时，自然人人都看他的脸色，听他的说辞，每个人都不敢有丝毫随意的举动。但这时候，钱廉突然站了起来，李鸿章看到了感到十分惊讶，就问：“你这是要干什么呀？”钱培廉不慌不忙，坦然而道：“我要去上厕所。”李鸿章一听就笑了，指着堂下让钱培廉快去快回。片刻后，上完厕所的钱培廉旁若无人，昂着头回到座位上，似乎一点都不觉得自己的行为有什么不雅的。

钱培廉去世后，松江杨了公为他写了一篇传记，记录下了他一生的奇闻逸事。文章开头这样写道：“钱先生名廉，号二泉，江苏金山人也。先生抱佛心而有仙骨。少时历红羊，大江南北，饭雪衣刀，杀人以数十万计，先生方嬉游海上，酒地花天。几不知人间有兵革事。庚子拳祸一役，先生由京师回南，出入于黄巾青犊间，数百里曾不一遇，雪茄之烟，常在于口，几不知有拳匪仇洋事。无他，惟心平，故无遇之险也。”

在杨了公的这篇文章里，除了记录了钱培廉与李鸿章之间的那桩轶事，还收录了许多钱培廉为官为政时与同僚之间发生的趣事。

有一日，钱培廉喝醉了酒，却乘着轿子去拜访同事，到了别人家门口，投递完名帖，等到主人派人来请他时，钱培廉早已醉倒了，叫都叫不醒。下人不得已，只好告诉主人，主人急忙命人把他扶到室内，帮他躺上床，悉心安顿好，而钱培廉到这时候依然没有醒。到了第二天，钱培廉终于醒了，起身就大呼道："我为什么会睡在这里？"主人告诉他："是你自己昨天坐轿子跑来的！"钱培廉这才明白过来，和主人相视大笑。从这个故事可以看出，钱培廉的性格是有多么的豪放不羁啊！

钱培廉不仅性格豪放，而且生性十分慷慨，视金如泥。当时朝廷开始实行息借商款，金山一地被摊派到了两万的额度。钱培廉知道这个消息后，马上跑到县衙门对县令说："区区这么点钱，我们钱氏家族就可以出，足以了结这桩事情了！"县令听了感动不已，长长地作了一揖感谢钱培廉。后来，还没有等到上缴欠款，息借商款这件事就被朝廷作废了。从这件事情上不难看出，整个金山的名绅富豪们，暗中是受了钱培廉不少帮助和恩惠的。

尽管性格豪放，不修边幅，但是钱培廉也继承了家族的优良传统——爱文好书。钱廉"嗜金石，工于书"，他曾经很严肃地和杨了公讨论书法说："文欲其新，书欲其旧。"所以钱廉所写的书法，古朴可爱，这在当时可是绝不多见的佳品。道光年间，钱培廉还摹绘《廛间之艺》21幅，记录的都是市井小民的生计，当时社会的风土人情也就溢于纸面。

在传记的最后，杨了公这样总结了钱培廉的一生，他写道，大清王朝刚刚建国的时候，有一位石天外先生，他自诩"舍读书好色酒"之外，都无一是处，现在看来，钱培廉先生好像是继承了石天外先生的这种遗风。钱培廉足足活到了75岁，孙曾满堂，不可谓不极尽人间之福。他平生都不知道何谓烦恼之事，即便是家人遇到了一些杂难琐事，他也会像看戏一样去看待，丝毫不以为忧。

同乡的晚清名士姚光曾经写过一首诗凭吊这位誉满乡里的钱培廉先生。这首诗后来收录在了《姚光全集》里，所以到今天我们都还看得到：

吊钱二泉先生（戊申）

守先待后更谁论，林下优悠自在身。

耆老莫教颓萎尽，网络文献要斯人。

二、内圣外王

孔子曰："仁者爱人，亲亲为大；义者宜也，尊贤为大；亲亲之杀，尊贤之等，礼所生焉。"孟子云："智之实，知斯二者弗去是也。"西汉董仲舒又加入"信"，并将仁、义、礼、智、信尊为与天地长久的经常法则，曰："仁义礼智信五常之道。"在遵从儒家传统的中国封建社会里，此"五常之道"也就成了中华大地社会习俗中的行为标准。当我们翻开钱氏家族的家训，回望钱培廉之外其他钱氏中人的人生经历，不难发现，这不只是一本家训，而是一个社会的道德准则。

心术不可得罪于天地，言行皆当无愧于圣贤。

曾子之三省勿忘，程子之四箴宜佩。

持躬不可不谨严，临财不可不廉介。

处事不可不决断，存心不可不宽厚。

尽前行者地步窄，向后看者眼界宽。

花繁柳密处拨得开，方见手段；

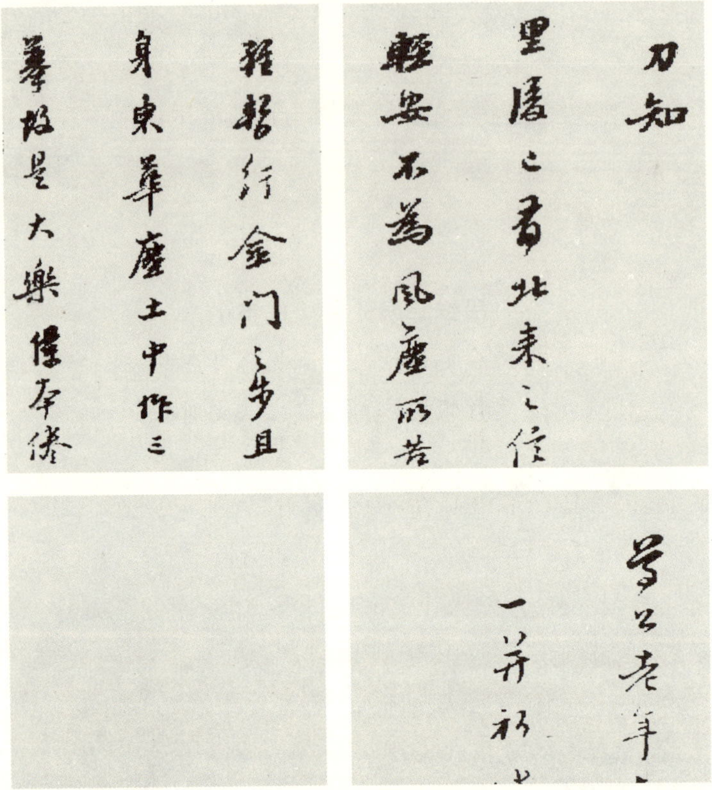

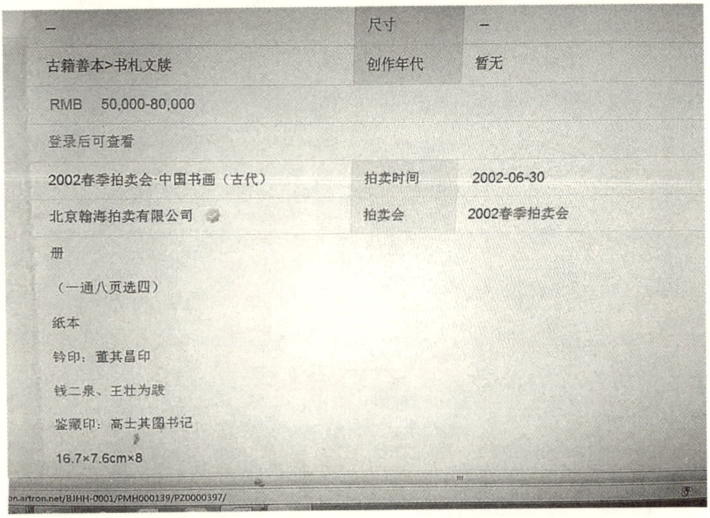

—	尺寸	—	
古籍善本>书札文牍	创作年代	暂无	
RMB　50,000-80,000			
登录后可查看			
2002春季拍卖会·中国书画（古代）	拍卖时间	2002-06-30	
北京翰海拍卖有限公司	拍卖会	2002春季拍卖会	

册

（一通八页选四）

纸本

钤印：董其昌印

钱二泉、王壮为跋

鉴藏印：高士其图书记

16.7×7.6cm×8

on.artron.net/BJHH-0001/PMH000139/PZ0000397/

钱廉号二泉，作品曾出现在2002年春季拍卖会

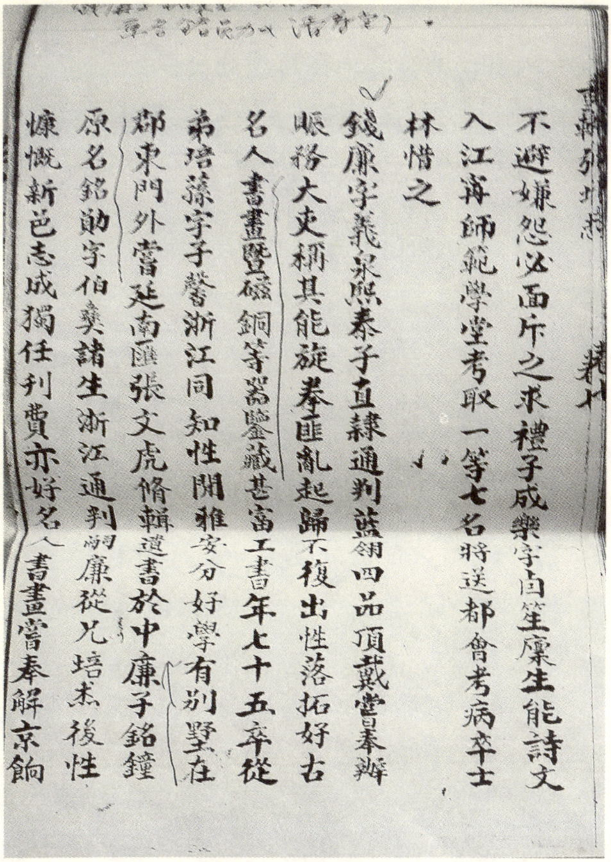

不避嫌怨必面斥之求禮子成樂字自笙廩生能詩文
入江寧師範學堂考取一等七名將送都會考病卒士
林惜之
錢廉字義泉熙泰子直隸通判藍翎四品頂戴嘗奉辦
賑務大吏稱其能旋拳匪亂起歸不復出性落拓好古
名人書畫暨磁銅等器鑒藏甚富工書年七十五卒從
弟培蓀字子馨浙江同知性閒雅安分好學有別墅在
郡東門外嘗延南匯張文虎脩輯道書於中廉子銘鐘
原名銘勛字伯夔諸生浙江通判嗣廉從兄培杰後性
慷慨新邑志成獨任刊費亦好名人書畫嘗奉解京餉

清代《重辑张堰志》

风狂雨骤时立得定，才是脚跟。

能改过则天地不怒能安分则鬼神无权。

读经传则根柢深，看史鉴则议论伟。

能文章则称述多，蓄道德则福报厚。

——钱氏家训·个人篇

以文养气，读书修身，渐达“内圣”，由此竟还开创出一番惊天动地的刻书事业来。早在北宋年间，钱镠的一代代子孙们就开始留在皇室身边，编修书目。到了清代，金山钱氏家族有几代文人好读书。鉴于在封建社会里，善本、珍本书大多数被皇室达官和少数文人据有，一般人难以借阅。在这种情况下，钱氏有数代人立志校勘刊刻名人著作，馈赠亲友学子以传播文化。钱氏校刊书籍开始于清乾隆、嘉庆年间，盛于道光、咸丰之时，直至同治、光绪年代，“绵延百余年，坚持刻书不断”（《中国出版通史·清代卷上》）。前后校刊名著一千余卷，涉及经史子集，按现代图书学分类，包括医学、术数、工艺、天文、历法、史学、文学等。钱氏搜书之广、数量之多、校刊之勤、治学之严谨、刊书多而不滥、博而有要，实属罕见。

早在乾隆、嘉庆年间，就有钱树本、钱树棠、钱树芝、钱树立投身于刊书事业。道光、咸丰时期，钱熙祚、钱熙辅、钱熙载、钱熙泰、钱熙哲、钱熙彦、钱熙经七兄弟，连同子侄钱培让、钱培杰、钱培名、钱培益以及润字辈子嗣继承祖辈遗志，投身于校刊书籍的事业，甚至邀请南汇张文虎和清代著名学者顾观光参与其事。

读书刻书，金山钱氏的好男儿们，岂能不练就一身正气焉？

欲造优美之家庭，须立良好之规则。

内外六间整洁，尊卑次序谨严，

父母伯叔孝敬欢愉，妯娌弟兄和睦友爱。

祖宗虽远，祭祀宜诚；子孙虽愚，诗书须读。

娶媳求淑女，勿计妆奁；嫁女择佳婿，勿慕富贵。

家富提携宗族，置义塾与公田岁饥赈济亲朋，筹仁浆与义粟。

勤俭为本，自必丰亨忠厚传家，乃能长久。

——钱氏家训·家庭篇

相亲相爱，孝敬长辈。所谓孝当先，代代传，这在金山钱氏家族的历史上得到了最好的印证。

钱铿嗣，字绥万，是金山张堰钱家世德里的祖先。钱铿嗣是闻名当地的大孝子，侍奉双亲周至万分。他的父母都活到了高寿，最后一起逝世。父母的离世，让钱铿嗣悲恸万分，数次大哭晕厥，乡邻们都被他的孝行深深感动。不仅对父母，钱铿嗣对自己的兄弟也非常慷慨大度，甚至还把自己的财产分给三个弟弟。钱铿嗣63岁去世，《云间志》将其收录在孝悌里。

钱铿嗣的儿子钱溥仪也是一位孝义之士。钱溥仪，字景方，号槎亭，嘉庆十三年诰赠奉直大夫。他笃于友爱，用于为善，曾捐出两千亩田地周济家族。不过，钱溥仪最为乡人所称道的还是他的孝行。有一次，钱溥仪出远门到苏州办事，家中突然传来消息，说父亲病情加剧。钱溥仪听到后，急急忙忙往家里赶，渡河而归的时候，不巧遇上大风，他乘坐的小船几乎就要被掀翻，坐在船舱中的钱溥仪不断向上苍祈祷，最终化险为夷。等到他回到家中，父病的病竟然痊愈了，大家都认为这是钱溥仪的孝行感动了上天。钱溥仪生有六子：长子树本、次子树棠、树艺、树立、树芝、树兰。当时，他的从弟钱溥聪家贫无子，他就把小儿子树兰过继给钱溥聪。

钱铭烈，字廉和，号师竹。这又是钱氏家族中一位名满乡里的孝子。钱铭烈的父亲是钱培萃，字竹尹。钱培萃去世时，钱铭烈年仅12岁，虽然年纪小，但父亲的亡故却让他悲伤得难以自制，哀号大哭，数日不止。时人皆以为孝。

“信交朋友，惠普乡邻。

恤寡矜孤，敬老怀幼。

救灾周急，排难解纷。
修桥路以利人行造河船以济众渡，
兴启蒙之义塾设积谷之社仓。
私见尽要铲除公益概行提倡。
不见利而起谋不见才而生嫉。
小人固当远，断不可显为仇敌；
君子固当亲，亦不可曲为附和。”

——钱氏家训·社会篇

钱氏家族之所以能在钱圩立足，和他们在天灾人害时做出的表率榜样以及对当地经济社会建设的贡献密不可分。

钱氏家族关心天下民生是出了名的。清代时，金山出现了自然灾害和饥荒，钱氏开始筹建义田，防患于未然。所谓义田，就是将家族里的一部分田地拿出来用作公益，在义田上种出的庄稼粮食都是用于在灾害天气里接济饱受饥荒之苦的民众。钱氏的这种义田模式一直持续到了中日爆发战争才终止。

乾隆二十年（1755），这年发生了大饥荒。钱溥仪第一个站了出来，他不仅施粥救助饥民，还助赈大米千余石减价平粜。次年又发生瘟疫，钱溥仪又施棺千余，并置田千亩，以赡养亲属和贫困百姓。与此同时，钱溥仪还倡议捐修了松江府志和求忠书院，种种善行，为郡守所重。钱溥仪的儿子钱树棠、钱树芝秉承父亲遗风，平日也疏财仗义。钱溥仪的孙子钱熙载，爱好藏书，乐施好善。他曾经捐资修建金山卫文庙，又倡导建设大观书院，使金山当地文风为之一振！

钱溥仪的儿子钱树芝（1770—1838）也是一个热心肠的人。钱树芝字瑞庭，号愚庵。他生平喜欢做善事。嘉庆十七年大旱，钱树芝倡议疏浚秦山塘，他自己亲力亲为，每天冒着

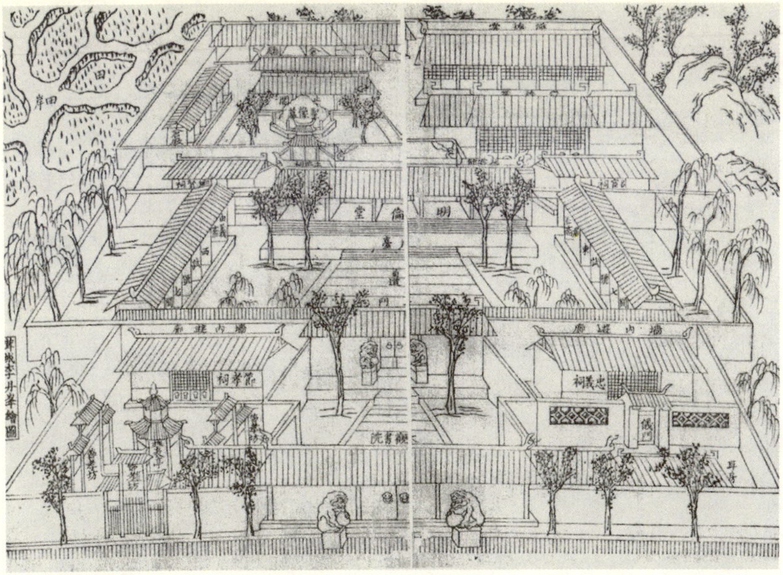

大观书院和钱氏宅第（钱溥仪时代），太平天国时被毁（摘自《金山县志·咸丰年》）

酷暑到施工现场监督，还亲自上阵劳动，最后终于“支港通利”，农田稍微恢复了收成，大家都说这是钱树芝的功劳。遇到歉收的年份，钱树芝常常拿出自家仓库中的大米，接济给穷人，而他自己觉得这是理所应当的事情。如果乡里发生了桥梁沟堰损毁重修、有人吃不饱穿不暖或者急需医药棺殓这样的可以帮助人的事情，钱树芝就怕自己不知道，就怕自己知道得晚了。

钱溥仪的长子钱树本（1744—1790），字根堂，国子生。钱树本廉静简默，研究经史子集，无所不通，只可惜累试不中。后来，他弃文学医，免费给人看病治疗，往往有奇效。在乡里上演了一段杏林佳话。

钱氏家族对金山教育的提振堪称倾尽全力。除了以上几位，还有一个名字不能不提。钱熙泰（1812—1860），字子和，号鲈香，曾任靖江教谕，能诗善文。他买下了吴家花园，咸丰

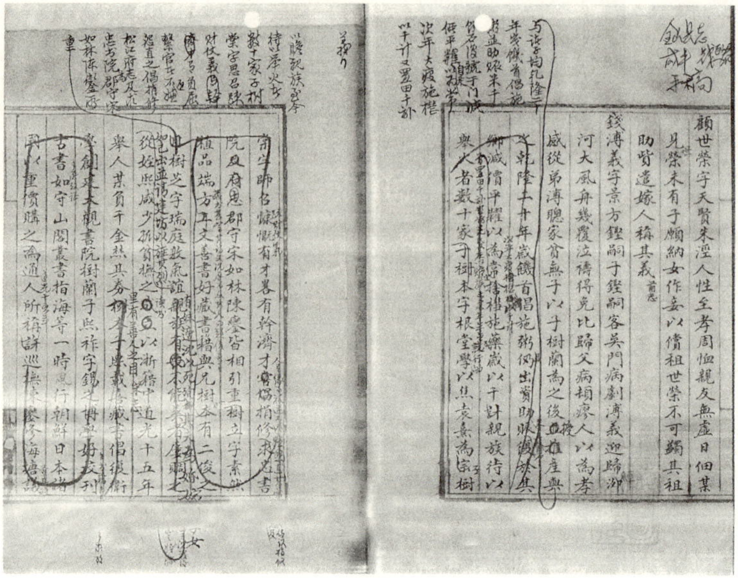

钱熙泰（《金山县志·咸丰年》）关于钱溥仪手稿

五年（1855），在张堰办正心义塾，置田百亩，书数千卷，延请吴江董兆雄为师，造就一批人才。本县人姚汭增修《金山县志》，书未成而去世。咸丰初，钱熙泰得其遗稿，重加参订，完成咸丰《金山县志》稿 8 册，未及刻印而去世。这本《金山县志》手稿今天就收藏在上海图书馆。光绪四年版《金山县志》即根据此稿“增损分合”而成。除此之外，钱熙泰还十分关心公益事业。道光二十九年（1849），县境水患成灾，民大饥。他撰《担粥说》呈县，县令饬各地推行施粥，救济灾民。钱熙泰还曾经与邻居戚澜、侄子钱培益倡设张堰济婴局，救助弃婴和贫困家庭的婴童。

到了培字辈，家族中也不乏旷达好义之人。钱培荪（1821—1876），号子馨，浙江试用同知，赏戴蓝翎。生平喜欢结交朋友，爱好下棋饮酒，所以家中经常是高朋满座。钱培荪练达勇敢，气量大而又心怀仁慈，对他人许下的承诺没有反悔的，馈赠帮助别人从来不吝啬。钱培荪重孝悌，睦亲邻，他曾经去过京师两次，在那里结交了许多文人士大夫。

当然，如果要数钱氏众人中做善事出手最大方的人物，自然要数钱五老爷。他买下了宝俭堂，这宝俭堂是宋吕辅祖室，由祖创家由俭得名。这位钱五老爷没有儿子，后来以钱培廉之子钱铭锺为嗣。关于这位钱五老爷，至今在钱圩镇还流传着这样一个故事：话说钱五老爷的母亲出殡，他扶柩回钱家圩，前面的船已出米市渡，后面的船还在松江市河里，声势浩大，史无前例。

钱熙泰画像（《金山县志·咸丰年》钱熙泰手稿）

执法如山，守身如玉。
爱民如子，去蠹如仇。
严以驭役，宽以恤民。
官肯著意一分，民受十分之惠；
上能吃苦一点，民沾万点之恩。
利在一身勿谋也，利在天下者必谋之；
利在一时固谋也，利在万世者更谋之。
大智兴邦，不过集众思大愚误国，只为好自用。
聪明睿智，守之以愚，功被天下，守之以让；
勇力振世，守之以怯，富有四海，守之以谦。
庙堂之上，以养正气为先；海宇之内，以养元气为本。
务本节用则国富，进贤使能则国强；

兴学育才则国盛，交邻有道则国安。

——钱氏家训·国家篇

为官为政，钱氏家族的仕子们自然也是鞠躬尽瘁。这里要先提到在金山钱氏十余代子嗣中最出名的一位——钱熙祚。

钱熙祚，字锡之，一字雪枝。钱熙祚曾担任过通判，管理一方粮运及农田水利事务。道光十五年（1835），金山海塘遭大灾冲毁，于是有人就建议开采秦山、查山的山石来修筑海塘。钱熙祚对秦山和查山的情况非常熟悉，他认为两山石少而坟多，不足采用，自愿出资运费到吴兴采购石料，以此筑塘保山。正是因为钱熙祚的坚持和付出，秦山和查山上的坟墓陵园、遗址古迹最终都被保住了。钱熙祚的义举造福一方，被金山人誉为“秦山保护神”。

钱熙祚就是这样一个人，在自己的经济状况足够宽裕后，就开始积极投身慈善事业之中。钱熙祚侍奉继母十年如一日，直到继母老死；教育养育子侄不分亲疏。他不仅乐善好施，而且行善的时候十分低调，往往做了好事都不留名。道光二十三年，南乡大旱，塘河几乎都干枯了，钱熙祚力筹耕剔深储，百姓们因此没有挨饿。

钱熙祚好善不倦，常年都会留出三百石左右的田租设立善局来周济周围的邻里乡党，用于捐助药品、棺木、衣服、米面等的支出都是从这田租里支出的。地方上如果有修建桥梁、平整道路、开挖沟渠这样的事情，他也一定会冲在前面，亲力亲为。他的子孙也遵奉这些规矩，不敢违背。

当时的钱圩，因为天灾人祸，当然也会有很多穷苦人家，有许多家庭生下了小孩但却穷得没法养活，很多人死了都没钱入殓，钱熙祚为此以一己之力开辟了两处慈善公所，救助贫困百姓，接受濒临夭折的婴儿，又置田若干，田地的收入专门用于赈生送死。

有一次，一位在乡里开茶坊的人对钱熙祚诉苦道："现在干农活实在太不容易了，我是实在没办法才来开茶铺的。"钱熙祚听到以后，出钱买下了耕田所需要的东西，并且劝说他回到田里种田。

其他的善举诸如"杠梁途路溪堰亭堠"，凡是可以救民利民的事情，钱熙祚没有不是率先倡导的，而且每件事他都能规划周详，妥善落实。但是，凡是摆神弄鬼，淫祀土木之神这样的事情，钱熙祚往往又会严词拒绝。不为鬼神为百姓，如此大义，世人称颂！

三、钱氏义庄

清代，坊间曾有两句形容钱氏家族的评价广为流传。第一句是："钱氏藏书之富甲于郡邑，不独以财雄于乡也！"这自然与钱氏家族刻书之业流芳青史的地位相合。第二句是："钱氏既以资金雄一邑，又数世皆有隐德，乐善好施著于远近，寒衣饥食、医药棺木以告无弗应，群从兄弟咸读书安分，为乡党所重。"由此句可见，如果要论那个时代的慈善大家族，金山钱氏必然是首屈一指。钱氏数代传人不仅自己有乐善好施之德，还发展了一整套的慈善体系和制度，造福一方。其中最为人所称道的就是钱氏义庄。

清光绪十六年（1890），钱铭江、钱铭铨编撰了《金山钱氏支庄全案》，本谱主要记录了金山钱氏族人捐置义田、祭产，建立义庄，抚养孤贫的情况。依次记载了事实、公文、庄规、田号租额、世系、传记。附刊掩埋章程。从《金山钱氏支庄全案》中，能够详细勾勒出钱氏义庄的建立经过以及一系列的运转制度。

钱氏义庄的起源还要从钱家迁居到钱圩时的高祖槎亭公钱溥仪说起。钱溥仪生了六个儿子，长子树本、次子树棠、树艺、树立、树芝、树兰，他们被人们称为“老六房”。当时，和钱溥仪源于同一个曾祖父的堂兄弟，也就是舜达公钱溥聪从浙西来到钱圩，与槎亭公齐心协力耕作田地，经营家业，后来钱溥聪也把家安定在了钱圩。由于舜达公没有子嗣，于是槎亭公就把自己最小的儿子树兰过继给了舜达公，钱树兰也就是后来钱铭江、钱铭铨的曾祖父。槎亭公一门虽然富甲一方，但是槎亭公却毫不吝啬，当六个儿子分家各自继承财产田地之时，还要求每房各自提出300亩田地，总计1 800亩，欲效法范文正公，留作义田，由族人轮流照管。同时拟定了规章守则，日常必须按规章运作，这就是钱氏的总庄。

已故祖父钱熙祚，是舜达公的嗣孙。钱熙祚博闻强识，急公好义，又能够振兴家业。根据晚清金山名士张文虎在其专门为钱熙祚所写的《钱君行略》中的记载：“钱君为人长身玉立，仪观伟杰，声音清越隔数舍犹了了，气止厚重，识者咸期以远大。尝有三大愿，一支派既繁，已承大宗之后拟特建宗祠，重修族谱，以示水源木本之意；一拟于宗祠外设庄捐置义田，凡向来资助宗族姻戚之举，皆归之义庄，立挡分册按月给发，其无力读书者设大小义塾延师训诲，鳏寡孤独老病废疾及婚丧应试诸费均有专款；一拟浚山塘，金山南乡诸水皆自浙而来，而潮水北自吕巷太平寺西自明珠庵灌入秦山塘，每一潮汐沙积钱许厚，日久渐淤河身沾为平地者十之五六，一遇水旱非没则涸，故须大工开浚并设闸要害以时启闭蓄清拒浑，始无旱潦之虞。”根据第二个心愿，钱熙祚显然重新想把自己的一千三百余亩田地作为本支的义田祭产，但是还没有等到实现自己的夙愿，钱熙祚就去世了。

张文虎说钱熙祚“死无所嘱，惟愿弟兄子侄一气和好，勿忘祖宗创业艰难，则瞑目无恨矣”。在另一篇写钱熙祚的文章《王太恭人五十寿文》里，更是表明了钱熙祚的心志：“夫富匪唯为子孙计，一家富固善，何如富一族？贤彼中人之产得温饱为幸虽好施与力不赡矣，鲜久持弗懈。我钱氏赖祖宗遗泽，拥巨资于乡，而族人衣食于称贷者亦半。”

钱氏义庄本是为了赡养扶助族人而欲建立的，但由于当时钱氏各支各脉早已经枝繁叶茂，建立义庄已经播泽所有的钱氏分支。当时，始迁金山的章羽公一支已经有把田亩捐作公田，整个家族的赡养不愁没有资财，所以祖父锡之公又追念祖宗创业时的艰难，为了子孙后代长远的考虑，欲继续设置义田，还预先买下一千三百三十七亩四分八毫七丝漕田，以便可以同时资助槎亭公和舜达公两脉子孙中贫乏交困的人。在钱熙祚的遗嘱中也写明了想要模仿范仲淹家族的义庄，将金山钱氏的义庄发扬光大。

仿设义庄以赡宗族，陈明祭产以奉先祠。锡之公去世以后，他的后人们上述先人之志，下赡亲近的宗族，捐置义田一千三亩一分一厘，设置祭田三百三十四亩三分三厘七丝，设立钱氏支庄。同时呈义祭规条一册、田亩号数价银清册一本、里邻亲族结状一纸、族人轮管名字册一本，田契税尾方单两套计一百二十五束。

除了扶持生者，乡里的死者也是义庄所要善后的。当时，在偏僻荒凉、人们看不到的地方暴露出了很多朽坏的尸棺，它们零散分布在田野里，相互之间都可以望见，而且越积越多，情景十分凄惨。到了盛夏之时，炎热不已，暴露在光天化日之下的尸体秽气熏蒸，臭气四散，让附近耕作的农民们叫苦不已。所以，钱氏家族准备设立掩埋公局，将祖辈在五保廿一啚的九亩五分二厘七毫西岁字圩田捐作义冢，同时还捐置棺板沙土以及工费，议定每年两次雇人收埋。

为了保障义冢能够得到规范有效地管理和运作，钱家还专门拟定了八条章程，进行公示。这八条章程分别为：

一、本掩埋公局附设钱氏锡庆义庄所设的义冢土地共计五亩四分二厘七毫，坐落在五保廿一啚北云字圩。

二、每年掩埋尸首两次。每年清明节和十月朝前，地保将暴露于荒地的朽烂棺木向局中报明挂号，届时将会由局董派该啚保指领尸首，进行迁埋。如果有偷懒不上报的人，让局董发现了，那么这个啚保将会被送官法办。

三、本掩埋公局义务所不能涵盖所有的区域，故以六保廿六啚、六保廿五啚、六保廿四啚、六保廿二啚、六保十六界、六保十五啚为届。各啚地保根据县府公布的告示要求进行执行。除了无主尸首棺木由掩埋公局收埋外，如果遇到没有能力举办后事丧葬的人家也可以进行禀报，由掩埋公局代为埋葬，并且给予联单，让该户人家日后可以凭借这份证明为死去亲人迁葬。

四、本掩埋公局负责掩埋界内各啚的尸骨。遇到倒毙在路上的人，仍然由各啚地保自行收殓，就近停柩浅埋，届时再报本局集中掩埋。如果有因伤而毙命的、已经涉及刑案的，需要上报本局，并且进行标记，以便查检。

五、每次掩埋时，由局董一人、司事一人督同地保土作人等向各啚指定收取一应局费，由钱氏敦素堂暂领。如果乐意，各户也可以轮流捐助工资、沙灰、棺板等，交予本局进行登记，年终呈秉官府备案。

六、除了第三条规定的各啚界限之外，如果有无主路毙者情愿附葬在善局义冢的，也可以准许该处的啚保到本局进行呈报，编号入葬，只不过需要自备灰土扛抬到墓地，由本局验明以示本别。

七、对于现在附近的那些腐朽尸棺，先期到9月底，有主者自行迁葬，有主而无力者也要报明登记，如果没有先呈报本局，没有填写联单，到了规定期限，一概全部埋入义冢，不允许再互相认领。

八、关于负责拣骨、扛抬、摇船、埋葬的工人，每工工资一百文。除却因为天气原因，不得无端推诿。

四、清寿堂

在几代人的努力下，金山钱氏不断繁衍发展，渐渐成了当地的一大望族。据说，钱氏家族最盛时有田36 000亩，有房3 000间。除了家财雄厚，钱家的人丁也十分兴旺，于是就慢慢地形成了清寿、横溪、振古、敦素、敦伦、同志、敬业、爱古、大众、友素、世德、古训十三堂，以钱氏十三堂为骨架，钱圩以及张堰这些个自然村落蔚然发展成了一个个新兴江南市镇。

金山钱氏各堂中都有着怎样的风景？我们不妨就其中的一堂——清寿堂，说一说这里的故事。清寿堂由钱培廉（钱廉）之子钱铭钟创建。钱铭钟生四子：钱润庠、钱润品、钱润德、钱润身。随着“润”字辈的开枝散叶，清寿堂也在清末同治光绪年间更加兴旺了。

清寿堂

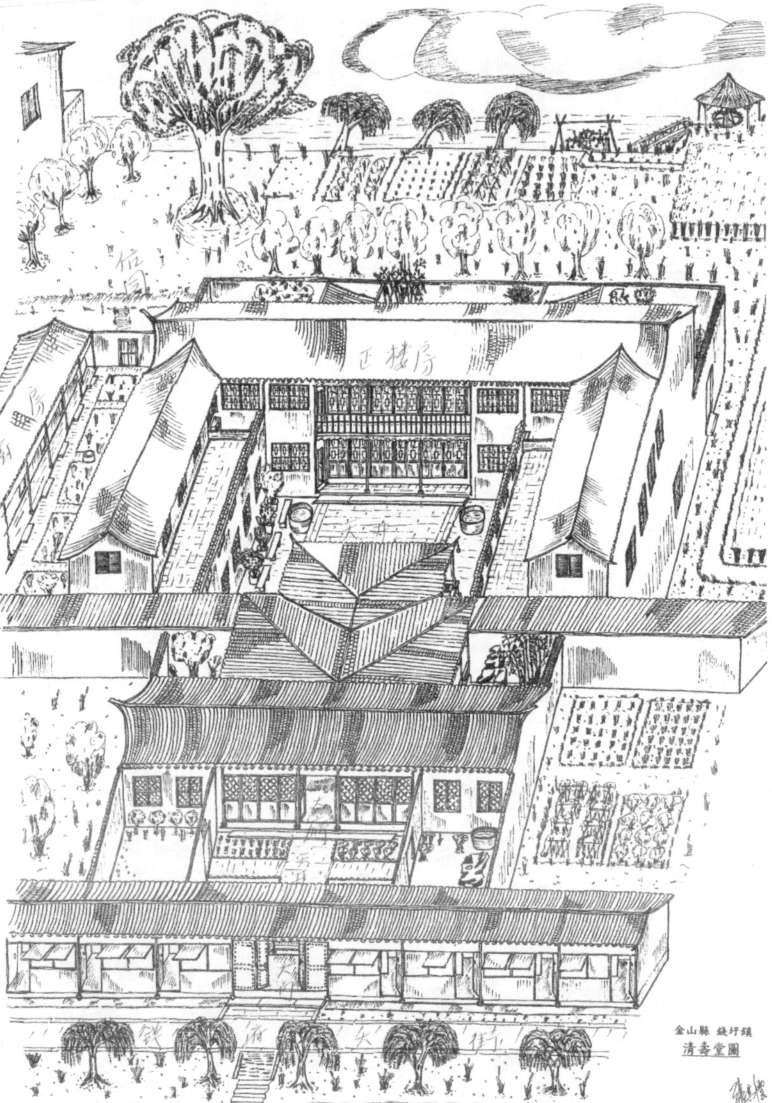

照片中第一排左一陈俊德（钱模珠先生）、左三钱模威、左四钱模规、左五钱模时、左六钱润藕、左七沈女士（钱模文妻）、左八王藕叶（钱模时第二任妻）、左九朱女士（钱模规妻）、左十姚女士（钱模威妻）、左十一钱模珠，第一排中儿童（自左至右）左一钱荣德、左二钱荣琴、左五钱荣江；第二排

清寿堂合照（1948年于钱润庠葬礼）

左四Nancy（孃孃）、左五钱荣灿、左六钱荣芬、左八钱荣懿；第三排左一钱荣荃、左二钱荣晖、左三钱荣培、左四钱荣光、左五钱荣凯。

大房家属聚会在钱模时家留影（1965年）

上图摄于思南路42弄。左前排一钱荣培，抱小孩钱基敏，左二陈鹏左三陈安琪左第二排一钱基伟，五钱模时，左第三排二Nancy（娘娘），四钱模威。

清寿堂后人钱模瑛的儿子张淇沄十多年前曾经凭着自己的记忆画下清寿堂的样子。根据这份绘本，清寿堂看上去是一座颇具气派的三进江南民宅。大门对着钱府大街，走进大门，穿过第一个天井就是大厅，穿过大厅就能走进一个别致精巧的戏台。戏台外是一个空间更大的天井，天井里左右摆放着两排石条凳，可以想象，每当逢年过节，或者遇到寿辰喜事，这里会是有多么的热闹！戏台上你方唱罢我登场，这天井也可以让家人们齐聚于此，或坐或立，一起悠闲看戏。这个大天井的两边是东西两排厢房，东厢房外还有一排厨房，天井走到底则是正楼房。在清寿堂主体建筑的后面，还有一个名为“伉园”的花园，郁郁葱葱之间也是一派田园风光。

晚清时的清寿堂，真可谓是高门大院，钱圩市河就在清寿堂旁缓缓流淌。大门前的街面上开着四季忙碌的茶馆、药店，街面对过依旧是层层叠叠的钱家地产，市河的东西两岸错落着当铺、米铺、豆腐店。

今年92岁的钱氏后人钱毅老先生，虽然很小的时候就举家搬迁到了上海，但清寿堂的印象依然留存在了他的脑海中。钱毅仍然依稀记得自己6岁时的那次童年探访："清寿堂前面是条河浜，岸面上有很多米铺。我乘船悠悠地到了码头，下船穿过狭窄悠长的弄堂，一路的灯光是幽暗的，弄堂似乎把整栋宅子都围了起来，我兜了一大圈才进了内院。我只记得院子里有一缸猪油，真是满满一缸，感觉放上几十年都不会坏。房间里，煤油灯罩着玻璃罩子，明晃晃的灯光下，连环画里的小人让我着了迷……”

时过境迁，这样的一番风景现在早已经找不到了。1987年，清寿堂后人钱模威曾经回到钱圩，寻访清寿堂遗址，并记下了自己的所见所闻。当时的清寿堂已经成了镇政府的办公大楼，一侧与学校接壤，与新中国建立前的模样已经大不相同了。“弄东厢房及正中之凉亭已全部拆除……前面几埭房廊全部已经改建，已经不相通……”

2015年，钱模威之兄钱模时的孙女钱基敏也回到钱圩，寻访祖辈生活的印迹。然而，相距1987年，时光又已经匆匆过去了28年，随着钱圩的现代化建设，清寿堂的痕迹更是举目难寻。过往的熙攘早已化为今朝的平凡，清寿堂原本

清寿堂原址外貌（摄于2015年）

原清寿堂大门原址（摄于2015年9月4日）

气派的大门早已经不见踪迹，原址上的一个电器修理店萧条地开着，似乎是对历史无奈的揶揄。大门口的这条街也早已变成了江南小城镇里再普通不过的乡镇道路，五金店、烧烤店、火锅店、浴室开在路两旁，有些铁门紧锁，有些门口闲人懒卧，一切都是那么稀疏平常。只有钱圩市河那波光粼粼的青绿河水依然如故，潺潺水声中似乎讲述着那一去不回的过往。

五、钱家花园

相比于清寿堂大院在百年风雨沧桑中的慢慢堙没，有一些地方倒是很好地保留了下来，甚至比当年更加有风采了些，它就是钱氏家族所有的一些园林楼阁。

比如说位于松江的复园。其址原为明代延平府知府孙衍别墅，内有白鸥池。清代初易为翰林院待诏、诗人高不骞宅第，称“高家园”。清代末，园荒芜，金山的钱培荪购得修葺后，改名“复园”，俗称“钱家花园”。园内亭台楼阁，林峦起伏，池架曲桥，广植花木。今园林仅剩一方（19×22米），且经过改造，新增叠山，其中桂花、枇杷、女贞等古木为复园故物。为钱氏刻书事业做出巨大贡献的张文虎晚年也居住在复园，在这里纂修了华亭、奉贤及光绪南汇县志，直到1885年（清光绪十一年）正月在复园去世。

不过，下面我们要去的是更加出名的另外一座“钱家花园”，也就是如今金山人都知道的张堰公园。

话说在钱圩树大根深的钱氏家族，经过不断地开枝散叶，在张堰的名门望族里，钱家世德里是必不可少的一个。钱家世居钱圩（钱圩原属张堰，1958年后建钱圩公社，现属金山卫），在钱圩镇有六房十三堂。有敦素堂（俗称敦素里），世德里，同芝里，横圈里等。后来，任靖江教谕的钱熙泰居住张堰，而之后另一支任常熟县丞的钱培名（梦花）也居于张堰。

钱氏后裔在清道光、咸丰、同治、光绪年间任地方官和教谕的较多。据《重辑张堰志》载：训导钱熙泰宅在新北街，本吴氏旧居，钱熙泰同时也买下了与住宅相连着的“吴家花园”，于是“吴家花园”也就成了“钱家花园”。咸丰年间遭兵燹毁后，钱熙泰的儿子通守钱廉（直隶候补通判，蓝翎四品顶戴）进行了重建，于是就有了“世德作求堂”，即世德里。最早的时候，钱廉的三个儿子都居住在这里，至于大儿子钱铭钟后来回到钱圩设立清寿堂，那就是后话了。

如今，当我们走进张堰，世德里的宅院早已不复存在，其旧址已经成了中国电信的营业厅，就连过去在世德里旁的那条花园浜也早已经没了踪迹。据说当年世德里的住宅造得很有特色，进门台阶是造在房檐里边的，为的就是下雨天不让进进出出的少爷小姐们淋着雨。

看不到世德里，但是却找得到钱家花园，只不过现在它

钱家花园的花园（摄于2015年）

钱家花园的花园（摄于2015年）

钱家花园的池塘（摄于2015年）

钱家花园的池塘（摄于2015年）

叫作张堰公园。张堰公园如今不仅是张堰镇的一个知名旅游景点，更是张堰居民平日里休闲游玩的好去处。这一方葱郁幽静的所在，拥有十分悠久的历史。

张堰公园，典型的江南园林。在元代，这里曾是当地望族吴良用的私宅，到了明代被他的六世孙吴梁（贞石）扩建后，成为远近闻名的“吴家花园”。清朝乾隆年间，金山钱氏家族接手“吴家花园”，并使之成为钱氏义庄的一部分，“吴家花园”也就成了“钱家花园”。

曾经，有一位中国历史上的大人物和这片花园结下过渊源，他就是明代的大清官海瑞。海瑞与吴梁是亲戚，幼年时在此绿荫遮蔽、花香盈鼻的园里读过书，这也成为后世的一段美谈。海瑞曾从故乡海南岛带来名贵盆景古松两株，送给吴梁后移栽成树，到了清代，钱氏家族倚靠着双松建楼三间，称为古松楼，可惜咸丰辛酉兵焚，园中的双杏树、双松、古松楼俱毁。

到了新中国成立初期，历经战乱的钱家花园荒芜一片，十分凄凉。1953年，在政府的支持下，稍经修整，一直为钱家所有的钱家花园成了向公众开放的公园。

即便海瑞当年送来的古松早已不复存在，但后人栽下的250棵银杏树如今早已长成了参天大树。这些参天林木将整个公园妆点得郁郁葱葱的同时，也为公园增添了一份难得的幽深古意。

相比于曾经的钱氏私家花园，如今的张堰公园至少拓增了一倍的面积。尽管如此，整个公园依然给人小巧玲珑之感。亭台楼榭，小桥流水，徜徉园中，倘若遇到花树繁茂、路径窄小之处，还要斜着身体走过去才行。这里到处都是葱葱郁郁，若是在夏天，当真是避暑的首选之地。

回望张堰公园，这满园的参天古木，是否曾经见证过钱氏家族的兴旺发达？

六、钱氏祠堂

在张堰，金山钱氏还有一处重要的印迹——钱氏祠堂。祠堂就在张堰市河边，滚滚的河水百余年来毫不停歇地从祠堂前流过，不知带走了多少人世沧桑。

现在的张堰市河可要比一个世纪前宽得多，至少宽了五分之二。1958年，张泾河拓宽开河，沿岸包括钱氏祠堂的门面被拆除后移，让这条原本窄小的市河一下子显露出大河风采。

回想晚清年间，这窄长的河面上频繁地穿梭着一只只运盐船，河的两岸还排列着一家家米店，这曾是何等热闹繁忙的景象。新中国成立后，钱氏祠堂的门面房成了张堰粮店，过去，张堰的农民们总是习惯用船把自家的粮食运到这里交公粮。如今，粮店招牌依然高高挂着，只不过布满灰尘；门口的码头也依然还在，斑驳的石阶伴着奔流的河水，似乎在追忆这段过往时光。

张堰市河

张堰粮店（原钱氏祠堂）

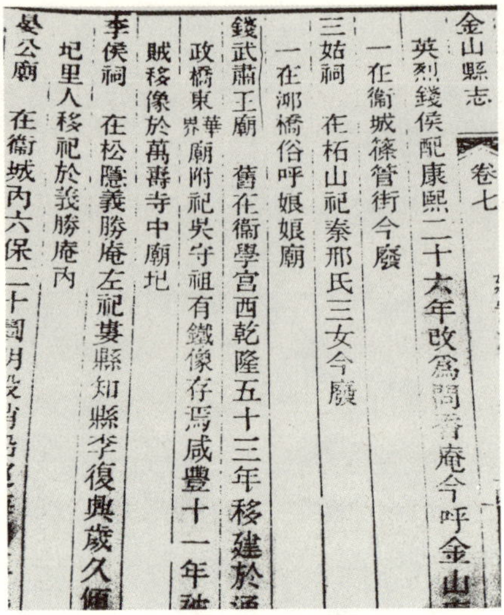
金山縣志 卷七
英烈錢侯配康熙二十六年改爲[illegible]庵今呼金山
一在衛城篠管街今廢
三姑祠 在柘山祀秦邢氏三女今廢
一在泖橋俗呼娘娘廟
錢武肅王廟 舊在衛學宫西乾隆五十三年移建於通
政橋東華界廟附祀吳守祖有鐵像存焉咸豐十一年被
賊移像於萬壽寺中廟圮
李侯祠 在松隱義勝庵左祀婁縣知縣李復興歲久傾
圮里人移祀於義勝庵內
晏公廟 在衛城內六保二十圖[illegible]

《金山县志》关于钱武肃王庙的记载

钱氏祠堂就坐落在这里。这儿最早本是钱氏义庄的一部分，名为武肃王祠。太平天国战乱之后，钱廉重建了祠堂。钱氏祠堂为木结构、江南民居风格。祠堂大门后是一个面积不小的院子，左右两边是两排厢房，正对着的当然就是大殿。

2015年6月，金山钱氏祠堂尘封已久的大门终于再次打开，钱氏的后人来看它了！由于这座钱廉于光绪年间建的祠堂新中国成立后一直归粮管所管理（金山区粮油局、粮油集团总公司），也正因如此，它躲过了新中国成立后的种种

钱家后人，左一陈玉林，左二Nancy（孃孃），左三钱基敏（摄于2015年）

运动洗礼，逃过了动荡的“文革”年代，一直保留至今。虽然祠堂早早地就被列为县级保护建筑，属于区级文保单位，但很明显，这里早已破败不堪，形同危楼。祠堂的门面房曾经开过服装厂，但考虑到火灾隐患，如今早已空置不用。

“刺啦啦——”打开生锈的铁拉门，跨进祠堂大门，一只刚生产完的母狗成了这里仅有的守护者。走进垃圾遍地的内院，右半边支着一个塑料顶棚，这块区域原是为了堆放货物所用，但如今塑料大棚已经是支离破碎了。无论是祠堂正殿还是左右厢房，到了今天，它们的外墙都已经是泛黄斑驳，窗户玻璃没有一块是完好的。

走进大殿，似乎这里也早已无甚可看，祖宗牌位肯定是没有的了，空空荡荡的空间之中，只有一个小角落堆放着零零落落的废弃立式饮水机，证明着祠堂曾被用作为一个仓库。挑高两层的祠堂大殿被人为地在左侧搭出了一个小隔层，隔层之上还有一个灶台，显示着过往的人气。

抬头而望，木质的房屋结构历经百多年的风雨沧桑，早已不堪重负，屋顶裸露的砖瓦透着破败，唯有屋顶的几根雕花横梁还彰显着一丝钱家祠堂过往的辉煌和典雅。

一圈看完，所有人对钱氏祠堂现在的破败感到唏嘘不已。原本用作粮食门市部和仓库的钱氏祠堂自2004年粮食放开政策出台后就陷入了沉寂。“既然保护建筑的牌子放在这里，那这栋老房子就肯定要保留的。”但对于这座祠堂未来的修缮工作，这位发话的粮管所管理人员显得很无奈：“要全面地修复祠堂，至少得要四五百万的修缮费，我们现在没这个钱。再说，毕竟前面还有市级、区级的保护建筑要优先修缮吧！”

“现在，我最关心的就是钱家祠堂了。”同行的南社纪念馆前任负责人、张堰当地的文化学者姚昆渝先生对钱氏祠堂迟迟未能启动修缮感到很痛惜，“现在就怕台风暴雨天，这些老古董实在经不起折腾了！”

唯一让人感到欣慰的是，整个钱氏祠堂的建筑结构总体保留得还算完好。围着祠堂从外绕行一圈，虽然屋顶的灰瓦上爬满了苔藓，虽然门窗破落不堪，虽然墙面斑驳，但正是这些赋予了钱氏祠堂无比真实的历史沧桑，也保留着祠堂未来修旧如旧的可能性。

“刺啦啦——”随着一声响，铁门又被重新拉上，钱氏祠堂随同过往在它门口发生过的那无数件传闻逸事一起，再次陷入了沉默与孤寂之中。张堰板桥桥不板，流水阵阵声不息，离祠堂只有一两百米远的张堰市河河面上，新的张堰板桥已经建起来了。而就在此书付梓出版的前几周，笔者也终于等到了一个好消息，在各方的共同努力下，钱家祠堂的修缮工作正式启动了！相信在不久的将来，这座百年祠堂将重放光彩！

附：吴越遗脉

（公元10世纪—17世纪）

导语

没有一个君王不想着千秋万代，没有一个帝王之家不会把血脉渗进每一寸王土。吴越王钱镠当然也是这样，这位五代十国的一代雄主将自己的33个儿子分封到吴越国的每一个角落，为的就是拱卫王权，万世传承。

然而，历史的车轮从来不会理会一个君王的意志，吴越终究归宋，王朝化为历史。钱镠或许早就预见过这样的结局，但他也许不会想到，自己血脉中的一支最后会在东海之滨的沃土上生根发芽，终成望族……当我们对金山钱氏家族的源起追根溯源，就会发现，这个家族之所以能取得后来的成就，并不是偶然。

一、高祖钱镠

江南，在宋代之前向来都不是风云变幻的政治中心。唯有在群雄逐鹿、诸侯割据的历史节点，江南一隅才会掀起面纱，露出秀丽的面容，让世人对这一腔温润的水色啧啧赞叹。

中国历史上的历代江南之主们似乎都懂得爱惜这江南水色，东吴政权是这样，偏安于此的南宋朝廷也是这样。有一位江南主人我们也不应当忘记，他就是五代十国时期吴越国的创建者钱镠（852—932）。我们的故事就从这位吴越王开始说起。

钱镠出生于公元852年。从后世的眼光来看，这一年着实不同寻常。唐末的好几个大枭雄，比如朱温、杨行密、马殷等，都是在这一年出生的。

钱镠的出生经历颇为传奇。852年3月10日，也就是唐朝大中六年农历二月十六，钱镠出生在临安县石镜乡大官山下的一户农家中，这一家世世代代以农耕打鱼为生。传说钱镠出生时，父亲钱宽正好出门在外，突然有人慌慌张张地跑来告诉他说："刚才经过你家后院，听到里面有刀甲交错之声，是不是有盗贼来打劫了？"钱宽听了大吃一惊，忙不迭地往家里跑，结果刚到家门口，就听见婴儿的啼哭声，等到进了家门，顿感"红光满室"，原来是钱镠出生了。钱宽"颇怪之"，认为这个婴儿是个孽种，是一个不祥之兆，于是一把抱起就要往屋后的废井里扔，亏得一旁的祖母苦苦相劝，拼死拦住了钱宽，钱镠这才得以保全小命，活了下来，他因此也得了个"婆留"的小名，那口井后来也被称为"婆留井"。（《十国春秋·武肃王世家上》）

钱镠自幼学武，擅长射箭、舞槊，又稍通图谶、纬书。一旦时机到来，自然奋勇而上，大展拳脚。公元875年5月，浙西狼山镇遏使王郢起兵作乱，在苏浙福建一带横冲直撞，祸害两浙。浙西临安石镜镇守将董昌受命在杭州募兵讨伐，钱镠前往应征，董昌慧眼识珠，任其为偏将。（《十国春秋·武肃王世家上》）

虽然还只是一名偏将，但钱镠凭着自己的武艺和见识，再加上贩私盐闯荡江湖时练就的才干，三下五除二，就把王郢给摆平了，从此名扬两浙。此后，钱镠又连接剿灭了几股地方土匪，因功升为石镜镇衙内都知兵马使。（《十国春秋·武肃王世家上》）

公元879年，黄巢率军入浙，先发兵数千人剽掠浙东，并打算攻打临安。钱镠也终于迎来了人生中的第一次大考验。他竟然仅仅用了一句话，就把黄巢的大军吓跑了！

原来，面对黄巢大军，钱镠从一开始就认为："草贼来犯，我们作为军人理应保境安民，守护一方平安，但是贼众我寡，只能智取，不能力敌。"清楚地分析完形势后，钱镠率领二十余人伏击起义军的先头部队，然后撤退到八百里（地名）。钱镠告诉路边的老妪："等会有人来，你就告诉他说：'临安兵屯八百里。'"等到追兵到来，老妪便将钱镠的话告诉他们。黄巢不知道八百里是地名，还以为临安军马扎下了八百里的营地，便说道："刚才就十几人都打不过，何况现在有八百里的兵马。"于是就绕开了临安城，从浙江开辟了七百多里山路，往福建方向去了。（《十国春秋·吴越一》）在一次次的披荆斩棘，一次次的运筹帷幄中，钱镠开始把自己的事业一点点做大，到了公元892年，他一跃而为浙江最有实力的一路军阀，朝廷下诏，任命他为镇海军节度。后来他又击败董昌，逐渐占据两浙十三州，先后被中原王朝封为越王、吴王、吴越王。

称霸一方后，钱镠自己很清楚，相比于其他割据势力，吴越国地小国弱，又是强敌环伺，所以他早早就制定了保境安民和"休兵息民"的战略方针，重农桑、兴水利，修筑海塘和疏浚内湖，发展与日本、朝鲜等国海外交往，使得吴越境内经济繁荣，渔盐桑蚕之利甲于江南；文士荟萃，人才济济，文艺也著称于世。

直到今天，江浙的百姓们依然从内心感恩着吴越王钱镠的功德政绩，很多人认为，如果没有钱镠，也就没有了江浙以后一千多年的繁华盛景。成为江南统治者后的钱镠，对于吴越国的治理不可谓不费尽心思，亲力亲为。最为后人所称道的无疑就是"钱王射潮"的故事了。

五代时，东海之滨的吴越地区经常遭受海潮的侵袭，尤其是海水涨潮时，绵延数十里，波涛汹涌的潮水一浪接一浪地冲压过来，冲毁了万顷良田，毁坏城墙，淹没了百姓房屋。当地百姓为此流离失所，苦不堪言。

怎样治理海水成了摆在钱镠面前的一个紧迫难题。钱镠多次召集大臣们商讨解决办法，最后决定修筑一道坚固的捍海塘，来抵住这汹涌的海水。为了共同的安宁与利益，百姓和文武官员们齐心协力修筑捍海塘。经过一段时间的修筑，捍海塘即将竣工，大家都很高兴，心想："这下子我们可以不再为海潮发愁了，可以不过颠沛流离的日子了。"

正在大家准备为此庆贺的时候，又一次海潮突然袭来。这次海潮来势极其凶猛，涨潮速度快，潮水量大，海水以惊人的速度虎啸龙吟般地向岸边奔袭而来。顷刻间，潮水所到之处，都化为了一片汪洋。更加令人惋惜的是，即将竣工的捍海塘也被冲垮，许多人淹死在这一场突如其来的大灾难中。

潮水退去后，钱镠带着官员们来到捍海塘，看着被海水冲击后留下的残垣断壁，看着被淹死的百姓尸体，听着一声声令人伤心的悲泣，钱镠心潮起伏，感慨万千，他向众人们鼓劲说："海潮迅猛，威力很大，我们要以自己的力量将其挡回去！"

于是，他命人采来山阳的竹子，让造箭师打造了三千支箭身，上面捆好鸿鹭的羽毛，羽毛涂成红色。然后又令铁匠炼出精铁铸成箭头，接到箭身上。等潮水到来时，钱镠命水犀军以五百支强弩搭箭迎射潮头，迫使潮水后退。三千支特殊的箭威力极大，果然震慑住了潮水。

虽然这只是一个传说，"箭射潮水"在现实里自然是无济于事的，但这一次对汹涌潮水的示威之举，却包含着钱镠与百姓们同心协力的鱼水之情，包含着钱镠治理好吴越的决心。

有关钱镠的故事还有很多很多。在他漫长的一生中还遇到过什么考验？为江南主人这30年里，又有多少令人称奇的奇闻轶事？在这里暂不细提了，只需知，但凡历史上的豪杰人物，必然有其过人之处。相比五代十国时其他的一些枭雄，钱镠更多了一份深明远虑、豪爽坦荡和自知之明。

对于眼前的荣华，钱镠看得很透彻。钱镠晚年与僚属们谈起杭州城的变化，众人齐声盛赞："杭城邑屋繁会、江山雕丽、湖海形胜，为天下稀有，全都是大王数十年精心治理之力也。"钱镠却很清醒，他说："千百年后，知我者以此城，罪我者亦以此城。苟得之于人而损之己者，吾无愧欤！"（《罗昭谏集（卷五）》）

没有一个君王不希望千秋万代、永享祭祀；没有一个帝王之家不会选择把血脉渗进每一寸王土。钱镠当然也是这样，在走完自己80年漫长而又传奇的人生之前，钱镠将自己的33个儿子悉数分封到吴越国的每一个角落，为的就是拱卫王权，永世传承。

虽然钱镠的安排周密至极，做了他所能做的一切，但这位"海龙王"也是冷静的，对于吴越国的命运和家族的命运，钱镠思索权衡了很久，他在冥冥之中一直隐约感到，或许有一天，吴越终究会被中原王朝吞并，不管他是后梁、后唐还是后晋，自己的儿孙之中虽然也有可造之才，但要指望能诞生一个可以逐鹿中原，甚至有自己一般能力的人恐怕也是奢望了。所以，钱镠早早地就为子孙后代们想好了后路："善事中国，勿以易姓废事之大礼。"他觉得，只有这样，才能真正永葆钱氏血脉，不至于在城破亡国之际玉石俱焚。

果然，钱镠死后不到半世纪，公元978年，吴越国末代国王钱弘俶（929—988）为了避免战乱，主动献土并入北宋。这种主动的归降也换得了赵氏皇帝对吴越王室的宽大，钱镠生前的未雨绸缪终于得到了回报。

吴越国的历史剧本画上了句号，但钱氏族人的辉煌历程才刚刚开始。一千多年以后，如今中国绝大部分的钱姓都是钱镠的后代。在上海的钱姓，不论是早期的，还是后来陆续迁入的，

临安钱镠墓

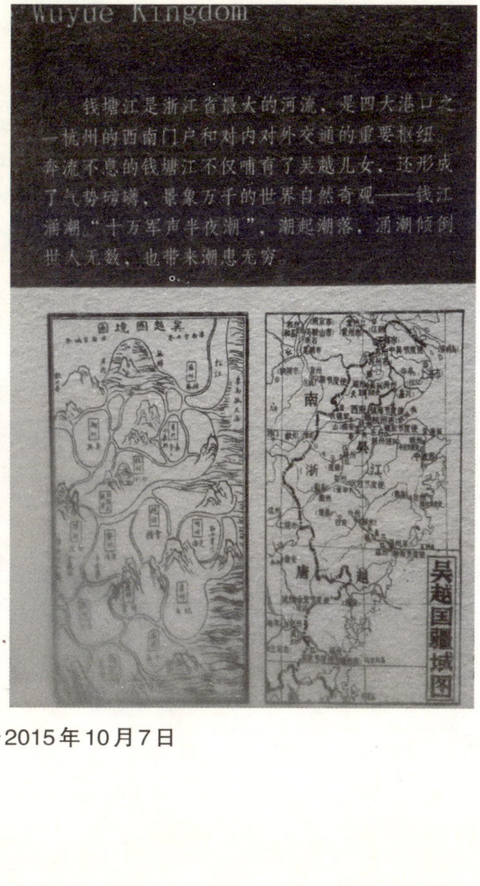

钱基敏摄于2015年10月7日

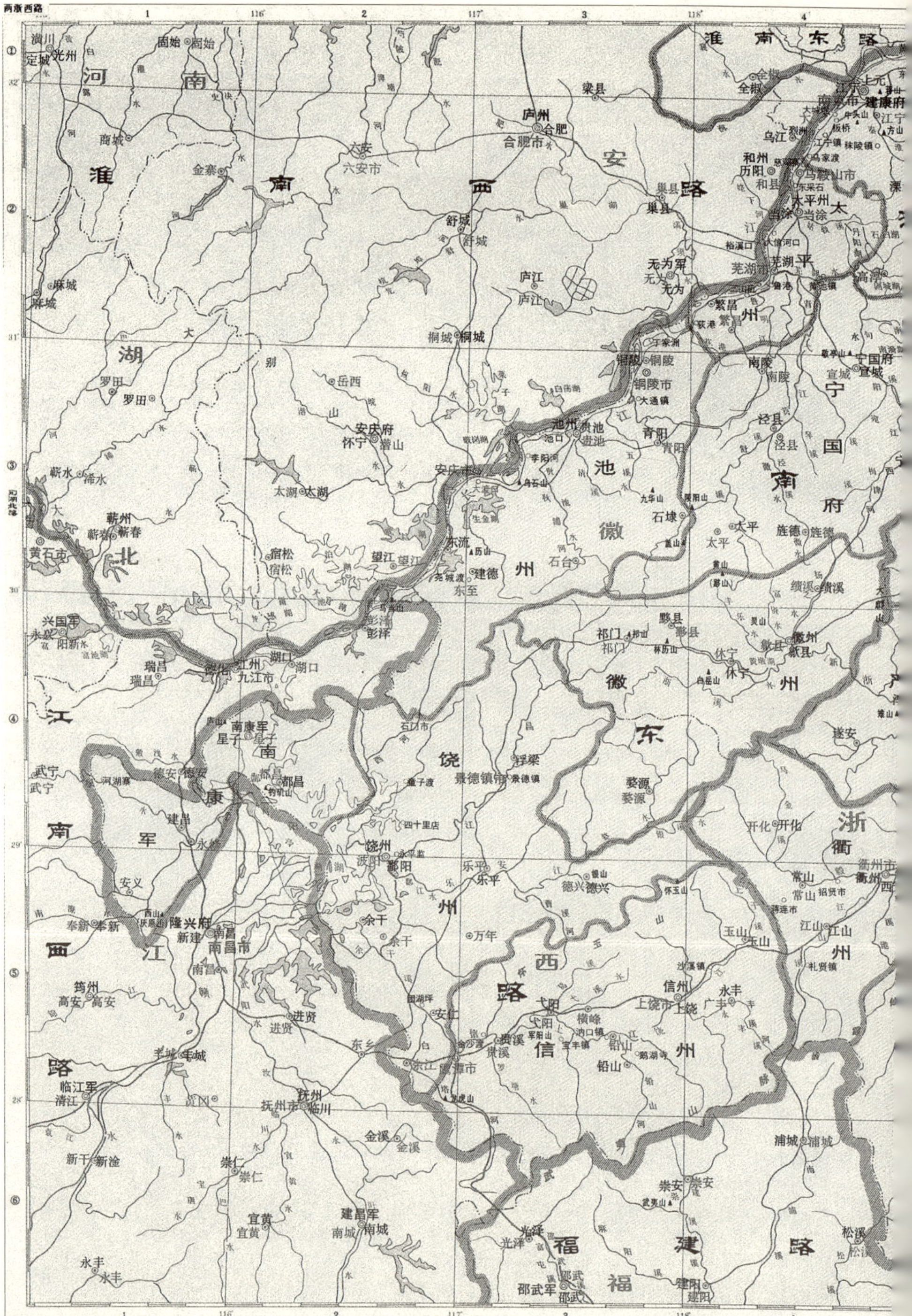

淮南东路
淮南西路
河南
安
江南东路
荆湖北路
江南西路
福建路
浙
南康军
饶州
信州
池州
徽州
宁国府
光州
固始
商城
六安
庐州
合肥
合肥市
梁县
全椒
江宁
建康府
乌江
和州
历阳
和县
马鞍山市
太平州
当涂
巢县
舒城
无为军
无为
庐江
芜湖
繁昌
铜陵
铜陵市
桐城
南陵
宣城
宁国府
泾县
罗田
岳西
安庆府
怀宁
潜山
安庆市
贵池
青阳
石埭
太平
旌德
绩溪
蕲水
浠水
蕲州
蕲春
黄石市
太湖
宿松
望江
东流
建德
东至
彭泽
歙县
祁门
黟县
休宁
瑞昌
江州
九江市
湖口
星子
都昌
婺源
兴国军
永兴
武宁
德安
建昌
永修
浮梁
景德镇市
开化
衢州市
衢州
常山
安义
隆兴府
新建
南昌
南昌市
奉新
鄱阳
乐平
德兴
玉山
余干
万年
江山
筠州
高安
进贤
上饶市
上饶
永丰
弋阳
横峰
贵溪
铅山
丰城
临江军
清江
东乡
抚州
抚州市
临川
金溪
新干
新淦
崇仁
宜黄
建昌军
南城
崇安
浦城
松溪
光泽
邵武军
邵武
建阳
永丰

黄
东
海
淮南东路
两浙西路
平江府
常州
湖州
安吉州
临安府
嘉兴府
上海市
绍兴府
庆元府
婺州
台州
温州
处州
东阳
金华
永康
仙居
临海
黄岩
温岭
乐清
永嘉
瑞安
平阳
青田
丽水
缙云
武义
兰溪
浦江
义乌
嵊县
新昌
天台
宁海
象山
奉化
宁波市
镇海
定海
余姚
慈溪
上虞
萧山
富阳
桐庐
杭州湾
舟山群岛
嵊泗列岛
长江口
崇明
启东
海门
南通市
苏州市
无锡市
江阴军
昆山
嘉定
太仓
青浦
松江
金山
平湖
海盐
海宁
崇德
桐乡
德清
武康
长兴
宜兴
溧阳
金坛
常州市
武进
玉环岛
洞头
文成
泰顺
寿宁
福鼎
大衢山
岱山
普陀山
桃花岛
六横岛
大佛岛
台州列岛
东箕列岛
嘉定元年（1208年）

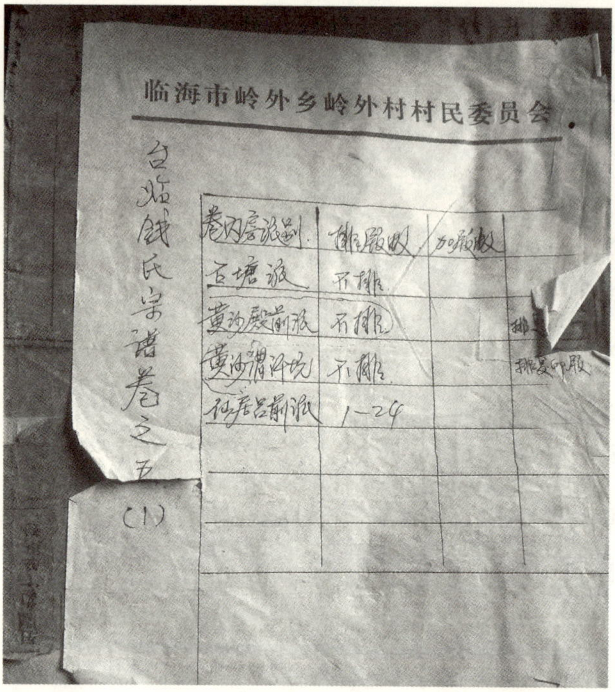

临海保留的家谱

大多奉钱镠为高祖。纵观中国历史，吴越钱氏后裔英杰辈出，光近代而言，大家耳熟能详的钱穆、钱玄同、钱学森、钱伟长、钱三强、钱钟书、钱正英、钱其琛等都是吴越钱氏的后裔。

接下来我们要说的，就是“海龙王”钱镠的一支血脉，在经历漫长的岁月迁徙后，他们最后在东海之滨的沃土上停了下来，并开始生根发芽，绵延千年，渐成望族……

二、鲁国长公主

飞檐高翘，风动铃响，一千七百多年来，巍峨的龙华塔就静静地矗立在那里。历史上，龙华寺这处佛家圣地几经战火

龙华寺（钱基敏摄于2015年1月1日）

洗礼，现存寺院是清光绪年间重建的。唐末动乱之时，龙华塔毁于战火。到了公元977年，有一天吴越王钱弘俶夜泊海上，风雨骤至，见草莽之中祥光烛天，钟梵隐然，于是出资建寺造塔。寺名龙华，取自弥勒降世龙华树下的典故。佛经声称，弥勒菩萨在兜率天修道，需经五十六亿七千万年才得成佛，降世到华林园的龙华树下，召开龙华法会，普度众生。

时光飞逝，沧海桑田。龙华塔依然是龙华塔，吴越王却当不成吴越王了。就在龙华塔重建后的第二年，公元978年，钱弘

唐三世祖忠逊王庆道公像（摘自临海家谱）

俶以吴越国十三州、八十六县、五十五万零七户、十一万五千卒归宋。10年后，这位后主在其60寿辰当夜，突然离世。

虽然钱弘俶之死历来众说纷纭，疑点重重，但在这位朝廷册封的邓王死后，宋太宗辍朝七日，御正衙备礼，追封秦王，谥忠懿，规格不可谓不高。

钱弘俶的故去代表着一个时代的终结，最后一个当过皇帝的钱家人走了，吴越钱氏也迎来了一个新的开始。

我们首先要来说的就是临海钱氏（金山钱氏的前身）的祖宗，也就是宋会稽郡王驸马都尉钱景臻（1055—1126）。说起辈分，钱景臻是钱镠的来孙（钱镠—钱元瓘—钱弘俶—钱惟演—钱暄—钱景臻），他还有一个在中国文学史上赫赫有名的爷爷，也就是钱弘俶的第十四子钱惟演（962—1034）。钱惟演，字希圣，他不仅在北宋朝廷中颇受重用，历任右神武将军、太仆少卿、命

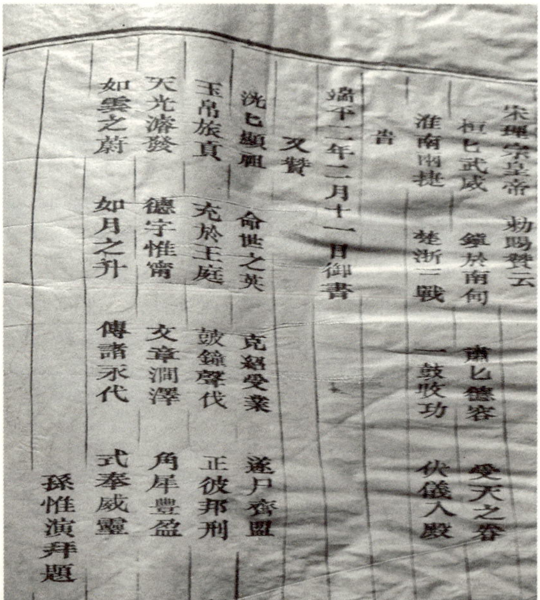
宋理宗皇帝 勑賜贊云
桓〻武威 鎮於南甸 赫〻德容 受天之眷
淮南兩捷 楚浙二戰 一鼓收功 伏儀入殿
旹
端平二年二月十一日御書
又贊
洸〻顯祖 命世之英 克紹受業 遂尸齊盟
玉帛旅貢 充於王庭 鼓鐘聲伐 正彼邦刑
天光濬發 德宇惟甯 文章潤澤 角犀豐盈
如雲之蔚 如月之升 傳諸永代 式奉威靈
孫惟演拜題

钱惟演题（摘自临海家谱）

直秘阁，累迁工部尚书，拜枢密使，官终崇信军节度使，而且他博学能文，在文学创作上颇有建树，是宋初著名诗歌流派“西昆体”的领袖人物。钱惟演热衷招徕文士，奖掖后进，晚年担任西京留守时，对欧阳修、梅尧臣等人颇有提携之恩。在自己的文学创作中，钱惟演曾写下过这样的诗句：“昔年多病厌芳尊，今日芳尊惟恐浅。”他恐怕早已经看到了家族的未来，钱氏王朝虽然已经成为回不去的过往，但这份忧伤恐怕不会留的太久，渐渐恢复元气的吴越王后人将以一种新的面貌展现于天下！

钱景臻的父亲钱暄（1018—1085），字载阳，仁宗嘉祐中知抚州；神宗熙宁四年（1071）知台州；元丰七年（1084），拜宝文阁待制。史书中称钱暄“有治绩，性嗜学，有著述”。钱暄在守台州期间，增筑台州府城，开临海东湖，功绩尤伟。钱暄有一首名为《题共乐堂》的诗作广为流传，诗中“荒芜芟

宋五世祖太师钱暄画像（摘自临海家谱）

宋六世祖驸马会稽郡王钱景臻画像（摘自临海家谱）

去成佳致，换得汀洲月与风”一句何尝又不是寓意着钱氏一族日益复兴的蓬勃生机呢？

秦鲁国大长公主1067年出嫁时宋仁宗送嫁妆瓶（藏于临海博物馆）

现在，让我们重新把视线转回钱景臻。钱景臻，字道邃，相比于自己的父亲和祖父，无论是政绩还是文学成就，钱景臻都不算突出。但是命运让他拥有了一位有着非凡传奇色彩的夫人——秦鲁国大长公主。

秦鲁国大长公主（1059—1144），宋仁宗第十女。自幼姿仪秀整，颖悟绝人。三岁时封庆寿公主。宋英宗即位，进封许国。神宗初进封冀。熙宁八年（1075）三月下嫁吴越钱景臻，从封韩国。哲宗朝封周国，徽宗朝封燕国。崇宁元年（1102）改封秦魏国，又徙封荆雍。政和三年（1113）闰四月特封令德景行大长。

但凡是在和平年代，皇家公主自然是金枝玉叶，雍容华贵一生；但是在战乱岁月，前朝公主却往往逃脱不了颠沛流离、惨遭凌辱的命运。然而，这位公主一生却是逃灾免祸，最后以86岁高寿善终，也成为中国历史上最长寿的公主之一。

1126年，一场“靖康之难”，王朝崩溃，汴京陷落，徽、庆二帝及公主、宫女等七千人被掳北去。大长公主的丈夫，70高龄的北宋左军卫大将军、驸马都尉、会稽郡王的钱景臻已经在10月的战乱中阵亡，以身殉国。当时金兵已逼近汴京，钱景臻的灵柩只得移丹徒之南山暂葬。没过多久，凶悍的金兵攻入汴京，几乎把在京的所有公主都虏走了，连一岁多的小公主都没放过，但这位秦鲁国大长公主却被漏掉了，金兵一走，她就赶忙逃出了汴京。其实，精明的金人是不会不知道大长公主的，只是可能在看花名册的时候，发现她是宋仁宗的女儿，也就是好几代之前的皇帝的女儿，于是自然就默认这位公主早已不在人世，即便活着也早就老态龙钟了，所以就对她放了一马。

秦鲁国大长公主当时确实不年轻了，但人却活得好好的，精神的很。北宋灭亡后，公主跟着夫家随南宋朝廷偏隅吴越钱氏的故地——江南，虽然钱景臻已经殉国，这个曾经称霸江南的钱氏家族在大长公主的主持下，从这一刻起又翻开了新的历史篇章。

在钱塘故地，吴越王后裔的根基自然是很深的。北宋灭亡后，宋高宗定都杭州建立南宋，期间，钱家不仅尽输家财以充军帑，更是第一个上表赵构，拥护他速正大宝。因此，宋高宗皇帝自然也是对钱氏家族十分客气。

秦鲁国大长公主和钱景臻既是夫妻，钱家自然也就成了皇亲国戚。更何况，论辈分来算，公主算是高宗皇帝的曾祖辈，

宋七世祖太师荣国公钱忱画像（摘自临海家谱）

高宗皇帝哪能怠慢这位“老祖宗”，他不仅赐给鲁国公主宅第，每次公主来拜见，也都是恭恭敬敬地迎接。

公主受到如此尊崇，钱氏家族的子弟们自然也是加官晋爵不断。公主和钱景臻的亲生儿子钱忱（1080—1161）无疑是最为宠命优渥的。由于母亲不断上奏章给皇帝，为他求爵求禄，于是，钱忱的头衔也变得很多：邕州观察使、泸川节度使，开府仪同三司、荣国公、赠太师。

钱忱，字伯诚。说起他的妻子，来头也是不小。钱忱之妻唐氏是宋神宗江陵籍宰相唐介的孙女，和南宋大诗人陆游的母亲是亲姐妹。这也就解释了为什么后来陆游和钱氏家族往来频繁。

话说钱忱每次被赐予官爵俸禄，宋高宗总要对大臣外戚声明：“这是特例哦！别人想都不要想哦！”（“上以忱为泸川节度使，仍诏戚里不得援例”）

但即便如此，公主的爱子之心依然不能满足，她八十多岁的时候，还拄着拐杖颤颤巍巍地去找宋高宗，给儿子求封赏。

对待这样一位老祖宗，搞的宋高宗有时候也是哭笑不得。

传奇终究要谢幕。1144年，秦鲁国大长公主在86岁高龄去世，皇上去祭奠的时候，大概是想让正在缓缓升天的老公主再高兴一点，于是再一次满足了她生前的愿望，给她的儿孙们全部加官一等。

除了官位，冥冥之中，后半生把所有爱都倾注在家庭上的秦鲁国大长公主似乎也为家人带来了长寿，她的儿子钱忱也活了八十多岁。公主的母亲周贵妃更是高寿，她一生吃斋念佛，活到93岁。

虽然大长公主的辞世时间比驸马钱景臻晚了16年，但公主去世后，宋高宗还是决定，把驸马和公主的合葬墓定在天台般若寺东凤凰山之阳。墓有神道、神道坊、神道碑，还有《秦鲁国大长公主墓碑》。合葬墓碑上30字为“宋故驸马都尉晋赠太师会稽郡王暨秦鲁国贤穆明懿大长公主合葬之墓”。碑上另有一块小方石，石上刻“大宋绍兴十四年九月赐祭葬，大清道光五年九月后裔重修”。

值得一提的是，作为公主、驸马的安息之地，这座天台般若寺与钱氏家族渊源极深。天台般若寺始建于后周显德四年（957），系吴越国高僧德韶（890—972）的第九道场，后改名护国寺。在般若寺建成之前，德韶大多居住在他的第二道场云居寺。云居寺在山上，德韶上山下山都要从建般若寺地址的后山经过。德韶无数次的上山下山，发现山下有块风水宝地，它就在岭下的平畴上，“群峰雄踞，颇饶胜概”，而且场面也大，于是就选址在那里建了般若寺。

当时，吴越的统治者是钱镠的孙子钱弘俶。德韶建般若寺的时候，正当国家太平之时，所以，在钱弘俶的支持下，寺不久就建成了。般若寺规模宏大，又过了两三年，寺前的两座砖塔也相继落成。在建造般若寺的同时，德韶还重建了天台赤城山顶的梁妃塔，从塔中取出的49颗舍利，纳还28颗，其余安置别寺。其中般若寺的两座砖塔各安置三颗。

般若寺建成后，逐渐成为闻名于世的著名寺院，香火鼎盛。曾为翰林学士、枢密副使、西昆派诗人首领，同时也是钱景臻祖父的钱惟演也曾踏访此寺，还写有《怀天台进禅师》一诗，诗云：

默坐理情条，虚斋息众嚣。
寰区指梯米，身世谕芭蕉。
雨任阶生蓟，风嫌树有瓢。

宋仁宗天圣九年（1031），护国寺竖起了一块《天台山护国寺碑铭》。据旧志记载，碑文也是钱惟演题写的。

父亲在位时建造般若寺，儿子在后朝为官时为般若寺题写诗词碑文，而后玄孙与公主也在此安葬。或许，是天台般若寺里的袅袅香火，护佑着钱氏家族的千秋万代

三、临海岁月

靖康之乱后，大长公主之子钱忱奉母随宋室南迁，并在绍兴元年徙居临海（今浙江台州）。绍兴四年，也就是公元1134年夏，宋高宗赐大长公主第“一行”宅于临海美德坊，并御题“忠孝之家”四字。因此，钱景臻大长公主这一脉的钱镠后裔算是正式在临海这块土地上站稳脚跟。

所以说，临海钱氏，发迹于南宋鲁国大长公主，始祖为荣国公钱忱。其后人中以荫入仕者甚多，为官者无数。这些钱氏骄子在为官期间大多也有所成就。

钱忱之子钱端礼（1109—1177），字处和，以荫入仕，绍兴三年（1133），添差通判台州，累迁知临安府。绍兴三十一年（1161），权户部侍郎兼枢密都承旨，二月，设立史无前例

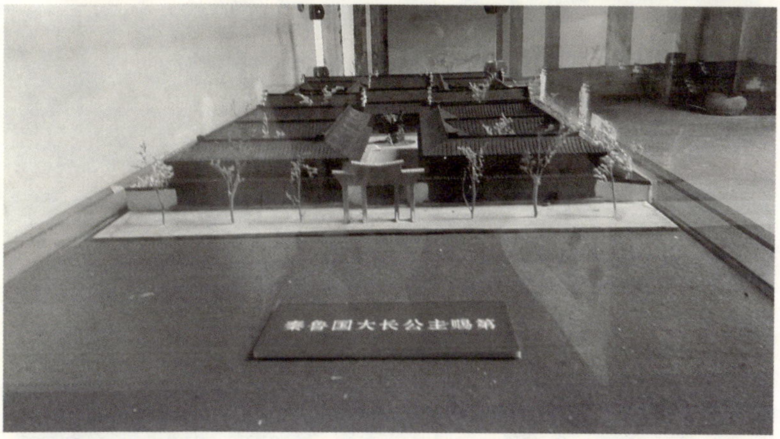

美德坊原址（钱基敏摄于2015年）

美德坊原址

美德坊原址

的纸币发行机构“行在会子务”，发行会子，分一贯、二贯、三贯三种。会子，作为宋朝发行量最大的纸币，在钱端礼任临安太守时，正式进入官办，这不得不说是一件载入史册的大事。

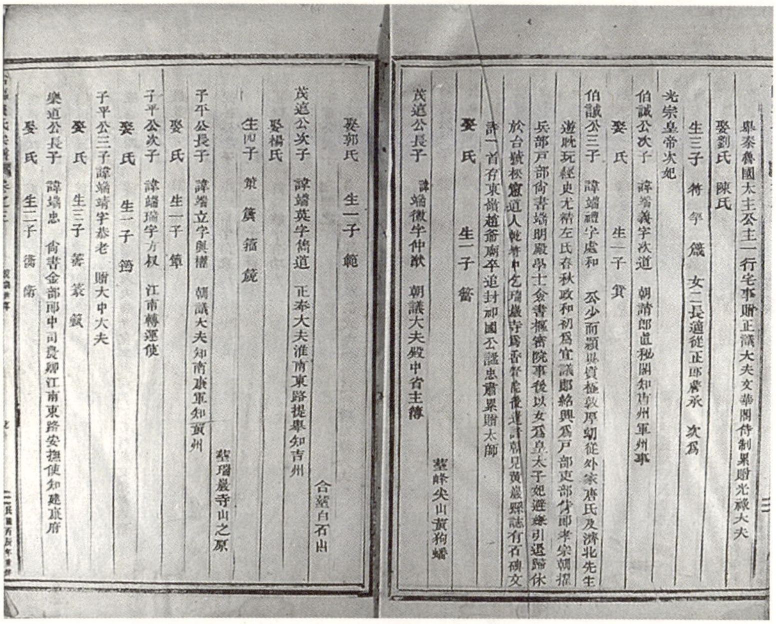

舉秦魯國太主公主一行宅事贈正議大夫文華閣待制累贈光祿大夫
娶劉氏 陳氏
生三子 裿 孚 箴 女二長適從正郎肅丞 次爲
光宗皇帝次妃
伯誠公次子 諱端義字次道 朝請郎直秘閣知吉州軍州事
娶 氏 生一子 貸
伯誠公三子 諱端禮字處和 公少而穎異資極敦厚幼從外家唐氏及濟北先生
遊耽玩經史尤精左氏春秋政和初爲宜議郎紹興爲戶部吏部侍郎孝宗朝擢
兵部戶部尚書端明殿學士僉書樞密院事後以女爲皇太子妃避嫌引退歸休
於台號松窗道人晚年卜乞瑞巖寺爲香火院後遂請報見黃巖縣誌有石碑文
詩一首存東嶺趙希廟卒追封祁國公謚忠肅累贈太師
娶 氏 生一子 銘
茂道公長子 諱端徵字仲猷 朝議大夫殿中省主簿 葬峰尖山黃狗蟠

娶郭氏 生一子 範 合葬白石山
茂道公次子 諱端英字雋道 正奉大夫淮南東路提舉知吉州
娶楊氏
生四子 策 廣 籀 篪
子平公長子 諱端立字與權 朝議大夫知南康軍知貢州 葬瑞巖寺山之原
娶 氏 生一子 範
子平公次子 諱端瑞字方叔 江南轉運使
娶 氏 生一子 筠
子平公三子諱端靖字恭老 贈大中大夫
娶 氏 生三子 蓍 篆 籤
樂道公長子 諱端忠 尚書金部郎中司農卿江南東路安撫使知建康府
娶 氏 生二子 衡 衛

临海家谱中的记载

除了会子的发行，钱端礼和当朝皇帝也成了儿女亲家，钱端礼之女为皇长子邓王夫人，而后邓王被立为太子。秦鲁国大长公主时代的荣光再次光耀了临安钱氏的门楣。

这位邓王就是赵愭（1144—1167），是宋孝宗赵昚的嫡长子，他的母亲是成穆皇后郭氏。赵愭的父亲宋孝宗普遍被认为是南宋最有作为的皇帝。他在位期间，平反岳飞冤案，起用主战派人士，锐意收复中原；内政上，加强集权，积极整顿吏治，裁汰冗官，惩治贪污，重视农业生产，百姓生活安康，史称“乾淳之治”。

作为宋孝宗的长子，赵愭显然是被寄予厚望的。赵愭初名赵愉，后赐名赵愭，任命为右监门卫大将军、荣州刺史。早在父亲宋孝宗做皇子时，赵愭就已经担当重任，任蕲州防御使。宋孝宗受禅即位后，任赵愭为少保、永兴军节度使，封为邓王。依照惯例，皇子的晋封道路一般是出宫，封为王，兼任两镇节度使，然后加任司空。赵愭从防御使直接跳级升任少保，可见皇帝对他这个嫡长子的器重。

乾道元年（1165），皇帝立赵愭为皇太子，册封赵愭的妻子广国夫人钱氏为太子妃。赵愭生性谦和节俭，皇帝诏令增加东宫侍卫人员，他谦让不受，他还上奏捐献每月应领杂物，宋孝宗表示同意。然而，天有不测风云。乾道三年（1167）秋，太子赵愭生病，由于医生误用药物，导致病情加剧。太上皇（宋高宗赵构）与宋孝宗亲自探望他的病情，还为此大赦天下，为赵愭祈福。但可惜的是，三日后，赵愭还是带着他的治世梦想和满腹才华遗憾去世，年仅24岁，谥号庄文。

赵愭贤惠厚道，平日里宋高宗与宋孝宗都喜爱他。赵愭去世后，宋孝宗听从礼官关于太子丧服的建议，以日计月；文武百官服衰服，服一天就除服；东宫臣僚服齐衰三日服，到七天后除服。到下葬时，宋孝宗又到东宫，命令大臣呈奉谥册，大小礼仪都以执政官丧礼对待。

应该说，才能卓著、深受器重的赵愭本来很有希望登上皇位，重振大宋王朝雄风，只可惜赵愭年纪轻轻就匆匆离世，终究没有能做上皇帝，只留下一个儿子赵挺。可叹天妒英才，让人唏嘘不已。

尽管没有成为赵家王朝的外戚，但是钱氏的子孙们在官场上还是颇具分量。钱端礼的孙子，钱筜（1126—1185，字淇父）之子钱象祖（1145—1211），又是南宋历史一位鼎鼎有名的大人物。钱象祖，字伯同，号止安，以祖端礼恩泽补官，历太府寺主簿丞、刑部郎官、知处严抚诸州、江东运判侍右郎官、枢密院检详、左司郎中权工部侍郎、知临安府、吏部侍郎、工部尚书改兵部华文阁学士、知建康府、再除兵部尚书。

宋钱象祖相府家印（印文为“太师钱左相府印信”，现藏临海市博物馆）

纵观钱象祖的仕途，起起伏伏历经风雨。最出名的就是他官“参知政事”时，与史弥远共同合作计谋，诛杀奸臣韩侂胄，“天下的人民于是仰赖之”。

宁宗嘉定二年（1209），钱象祖官拜“左丞相”，政治生涯走上了巅峰，然而，已经看破世事的他不久之后便罢官归乡，最终归心极乐净土。原来，早在他镇守金陵的时候，就在乡村和州城建立接待寺（不论僧俗皆可饮食、住宿的接待所）十所，都以净土极乐来命名之。又创建止庵，与高僧大德在其中谈论佛法。钱象祖自从担任丞相，管理政事后，修持反而更加精进了。

南宋宁宗嘉定四年（1211），钱象祖突然得了些微疾病，于是他书写偈颂曰："菡萏（莲花）香从佛国来，琉璃地上绝尘埃。我心清净超于彼，今日遥知一朵开。"有一天，有僧人问他平日起居时的心念如何？钱象祖说："不贪生、不怕死、不生天上，不生人中，唯当往生净土耳！"才一说完，就趺坐而往生。当时有天鼓震动响起，异香浓厚芬芳。郡县中的人都听到空中有声音说："钱丞相将往生净土，为慈济菩萨。"

在整个南宋时代，临海钱氏无疑是朝廷中一支举足轻重的力量。在钱象祖之后，他的儿子钱澡官通直郎，累赠中散大夫、泉州提干。钱澡的儿子钱应孙（？—1291）已是第十二世，以祖父遗表恩补承奉郎，之后的仕途也算顺利，终于太府少卿的位子上。然而，历史在此时开始发生巨变，蒙古骑兵的铁蹄之下，南宋王朝已经岌岌可危。钱应孙自然也早就感受到了这一点，他命令自己的长子钱王第十三世孙钱国烈留守临海，自己率领诸少子徙居绍兴，从此忘却官场浮沉，日以植菊疏泉为事，还写了一本《菊泉馒吟》流传于世。留守在临海的钱国烈在南宋灭亡后也不再从仕，并举家移居临海八都。

钱应孙的另一个儿子钱国衡，字德平，当为大德（1297—1307）前后人。著名文字学家唐兰先生对历代兰亭本予以考证时，发现丰刻本非摹于丰伪本，并考出元大德间刊刻的"兰亭十刻"中即有神龙本；而"兰亭十刻"的刊刻者即为钱国衡。次跋钱国衡，署"天台钱国衡因观奉题"款，钤"友古斋印""钱氏德平"印。又王献之《保母帖》现藏北京故宫之题跋部分，有钱国衡跋云："大德九载会稽钱国衡观于浩然斋，二月廿六日谨题。"虽无名章，但其字体与此卷亦可作等观。

又会稽郡辖天台，故此处题“天台钱国衡”与“会稽钱国衡”当无龃龉凿枘之嫌。据孙钱国衡统计，宋朝一代，钱氏擢为进士者有三百二十人。

随着蒙元入主中原，政治中心北移，汉人地位衰微，钱氏后人们带着气节，渐渐地从蒙元皇帝的金銮殿上消失了。这一时期中，钱王十四世孙钱宰弱冠即有文名。钱宰（1299 ~ 1394），字子予，又字伯均，元、明间会稽人。幼好学，经史百家无所不阅。元至正（1341 ~ 1368）间中进士，事亲不仕，唐之淳、韩宜可皆为门生。明太祖洪武二年（1369），以明经征为国子助教，后进为博士，校书翰林，撰功臣诰命，作《金陵形胜论》及历代帝王庙乐章，甚得赏识。后思归，于朝房口占一绝云:“四鼓咚咚起着衣，五更朝罢尚忧迟。何时得遂田园乐，睡到人间饭熟时。”乃于洪武十年归休。二十七年，征天下宿儒校正蔡氏《书传》，兵部尚书唐铎举宰，宰应召。每进见，必赐坐，侍食。书成后厚赐驰驿归。卒年九十六。善诗，刻意古调，推崇汉魏诗作，其诗吐辞清拔，寓意高远，有《临安集》传世。《明史》有传。

大明国子博士钱公圹记

公讳宰，字伯均，其先杭之临安人，吴越武肃王十四世孙，宋丞相魏国忠靖公讳象祖之玄孙也。丞相之高大父宋驸马都尉彭城王讳景臻者，绍兴间赐第于台。丞相之孙讳应孙字定之仕宋，华文阁兼绍兴府司马，始自台迁会稽，乃公之大父也。考讳国熙，字德和。妣吴氏，以皇庆甲寅七月八日生。幼好学，凡经史及百氏之书无不读，尤长于古文辞，是时元方以科举取，士人争趋之，公无意焉。父母强之，乃一起，遂中壬寅乡试。明年，当上春官，以亲老辞不行归，教授于乡。

皇明定天下，首征用郡国儒士。有司以例遣赴京，遂与诸儒编功臣事迹及修元史，寻以病免归。洪武癸丑，召授国子，助教五年，其所造就为多。后以老病辞，升文林郎、国子博士致仕还乡。洪武甲戌，复召，会诸儒校书翰林，入则侍坐，食则侍膳，赐絮衣一袭被一事，遣行人护送回家。日以著书为乐，中外达官、四方游士求为文者辐辏于门，有《临安集》五卷。为人恭谨，无少长皆为尽礼，至老神气清明，手不释卷。前后四考浙江乡试，一考江西乡试，一考会试礼部，凡六主文衡，所得门下士尤众。建文三年八月二十日卒于正寝，得寿八十有八。娶陈氏，长二岁，先十年卒，以子絧得仕赠孺人。生男六人：长曰絧，夙承家学，入朝繇首科进士，今为征州府祁门县知县；次曰纶，以贤良起家，官至监察御史；次曰纲、曰绪皆蚤卒；次曰黼、曰黻也。女一人曰恒，适上虞管云。孙男五人：曰寅、曰旃、曰申、曰壬、曰辛。孙女八人。明年二月廿九日壬午葬于山阴承务乡湖马山之原，未克乞铭于当代立言君子，姑叙岁月纳诸幽。孤哀子絧泣血志。

毫无疑问元代是钱氏家族在中国历史长卷上最为模糊的一段历史，但实际上，如果从另一个角度来看，中国历史的车轮已经承载着整个吴越钱氏的命运急速驶向了下一站，金山钱氏就要正式登上舞台了。

四、钱圩，钱圩

蒙元时期，金山钱氏祖先的家族谱系因战乱和时局而出现了短暂空缺。但根据民国时期钱文选的《钱氏家乘》，可以发现奉贤钱氏始祖以安公实乃吴越钱氏钱镠的15世孙，由此可知，金山钱氏的源头也在杭州、台州一带，“天下无二钱”并不虚言。现有的奉贤钱氏支谱也证实了这一说法。该本家谱以以安公（钱以安）为始祖，而钱以安正好是十五世（自钱镠），根据这本支谱小引中所言：“钱氏自宋高宗南渡以来，始祖以安公世居云间舟传而遂有袁浦滩石桥之分。”古之云间，就是今天的上海奉贤一带。

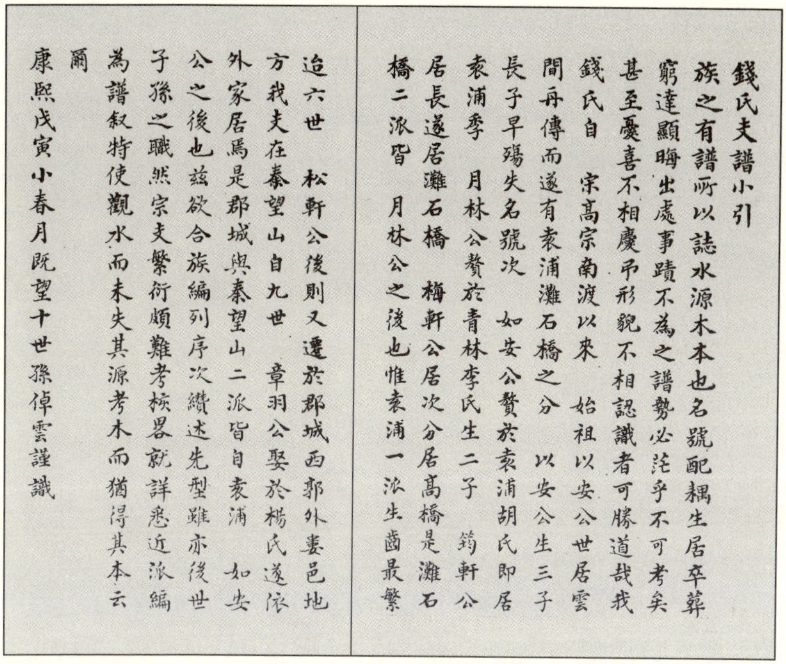
錢氏支譜小引
族之有譜所以誌水源木本也名號配耦生居卒葬
窮達顯晦出處事蹟不為之譜勢必茫乎不可考矣
甚至憂喜不相慶弔形貌不相認識者可勝道哉我
錢氏自　宋高宗南渡以來　始祖以安公世居雲
間舟傳而遂有袁浦灘石橋之分　以安公生三子
長子早殤失名號次　如安公贅於袁浦胡氏即居
袁浦季　月林公贅於青林李氏生二子　筠軒公
居長遂居灘石橋　梅軒公居次分居高橋是灘石
橋二派皆　月林公之後也惟袁浦一派生齒最繁
迨六世　松軒公後則又遷於郡城西郭外妻邑地
方我支在秦望山自九世　章羽公娶於楊氏遂依
外家居焉是郡城與秦望山二派皆自袁浦　如安
公之後也茲欲合族編列序次纘述先型雖亦後世
子孫之職然宗支繁衍頗難考核畧就詳悉近派編
為譜叙特使觀水而未失其源考木而猶得其本云
爾
康熙戊寅小春月既望十世孫倬雲謹識

钱隣（倬雲）于1698年的钱氏支谱小引

钱以安率领家族居住在云间的年代大约在1400年左右，也就是明朝永乐年间。“以安公生三子，长子早殇失名号，次如安公赘于袁浦胡氏即居袁浦，季月林公赘于青林李氏生二子，筠轩公居长，遂居滩石桥，梅轩公居次分居高桥，是滩石桥二派皆月林公之后也，惟袁浦一派生齿最繁。”（《钱氏支谱》）当然，在钱文选的《钱氏家乘》中，也提供了略有出入，实则相近的说法。在《钱氏家乘》“支派”的介绍中，有一支名为“奉贤县象祖公分出以安公天桂将军派”，这一支奉钱澡（钱象祖之子第11世）为支祖，以安公为第15世，因“盐官于奉贤县之袁浦，因家焉，是为始迁祖”，也就是说以安公当初迁到这里，是因为在奉贤袁浦这里担任盐官，这个时代大约在明朝永乐年间。

但不管怎么样，钱以安是钱镠后人是事实，他率族人定居奉贤一地也是事实

《钱氏支谱》中所言的“惟袁浦一派生齿最繁”其实就是说的金山钱氏。但在我们正式讲述金山钱氏的传承发展前，还是要先来提一下另一支奉贤高桥钱氏的情况。“(以安公)其子月林公赘于青林李氏，生子二，次梅轩名鑑。另有谱，九世孙芳标，十世孙金甫撰序。”由此可见，奉贤高桥钱氏与金山钱圩钱氏同出一脉，同以钱以安为祖。

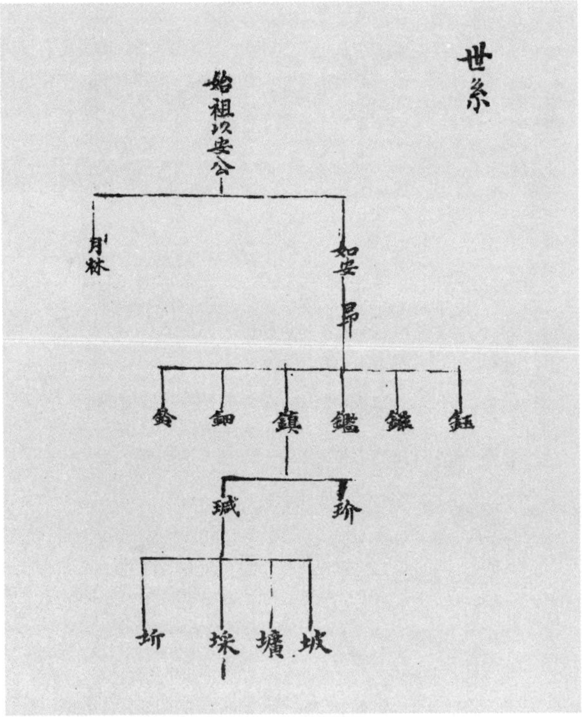

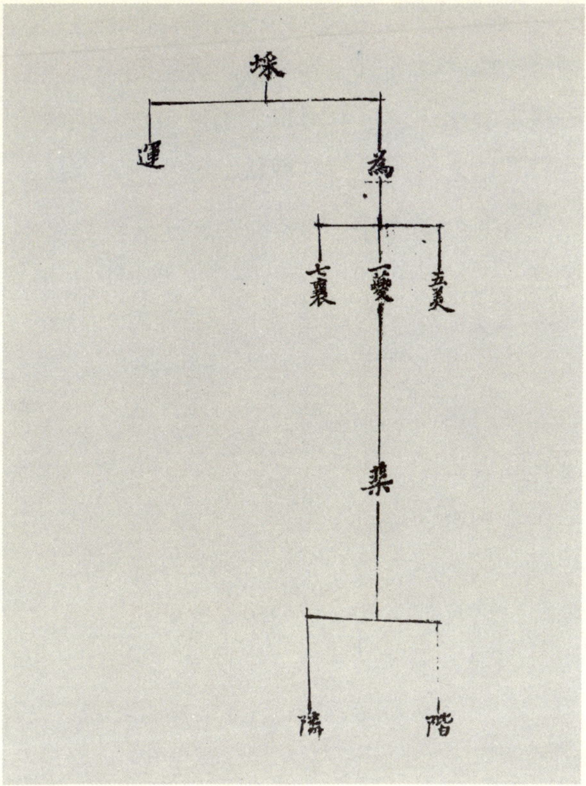

在明代中后期，奉贤高桥钱氏也算得上是名人辈出，代代都有人做上了大官。在《明清上海地区的著姓望族》一书中有记载的人物中，就有钱士贵、钱世贵、钱芳标、钱金甫、钱长涵等五人是来自奉贤高桥钱氏。

其中，最出名的是当过南京太常卿的钱士贵。钱士贵的祖辈和父辈就已经身居高位。他的爷爷钱选曾任太常寺少卿，他的父亲钱有声当过应天府府尹。

钱士贵自己是万历庚戌年的进士，授进贤知县。丁忧服阙，补上饶知县。后来以治绩征拜御史。泰昌年间，因为当时明朝三大案“红丸”“移宫”“梃击”案狱久未定，钱士贵曾为此据理力争。他谏言说：“选侍移宫，在停封一月后。即无垂帘之举，而迹涉疑似。阁臣顾不力争，泄泄以处，何以压服众心？李可灼妄进红丸，鼎湖载泣，人思剸刃。而阁臣保恶容奸，欲辞赵宣子恶名，不可得也。请诛可灼，论政府罪如律。”然而，当时朝廷上魏忠贤阉党专权，悉反三案议以倾朝士，钱士贵恐祸及自身，最终只能拂衣而去，并寻谢病归。

崇祯改元后，钱士贵被原官起用，遣督饷，还掌京畿道。寻迁南京大理寺丞。以疾告者十年，起为应天府丞，当时正值淮南发生寇乱，大量流民为了避乱，接踵渡江，流入金陵，而此时金陵又遇岁饥，道殣相望。面对这样的不利局面，钱士贵设立义仓，建置粥厂，计口授餐，保全了很多人的性命。后来钱士贵迁南京太常卿，召为刑部右侍郎，只可惜还没有到任就去世了。官场起伏数十年间，钱士贵曾经在家居住了十年，他乐善好施，乡党称颂，敕建专祠从祀乡贤。

钱士贵的弟弟钱世贵是崇祯年进士，明末当过浙江诸暨知县，因为有政绩，改为国子监博士。清朝建立后，生性高洁的钱世贵闭门谢客，归隐不出。但钱世贵的归隐也并不意味着对自家门前的事情不管不顾。有记载说，清朝康熙年间，钱世贵建议当地巡抚：“濒海灶户之柴荡记田起科，以当丁银。”于是民无逃亡，丁无补课，各场称便。

往后一辈的高桥钱氏中也不乏奇才，在时人称颂的“东皋七才子”中，独占其二，称为“二钱”。

为长一些的叫钱芳标（1635—1679），他是钱世贵的儿子，原名鼎瑞，后改名芳标。钱芳标自少博文闳览，天才隽丽，工诗歌，尤精倚声，以才华著称，被推为江左第一才，是“东皋七才子”（王光成、王光烈、吴骐、金是瀛、蒋丹叔、钱金甫、钱芳标）之一。钱芳标少年天才，总角即好倚声，弱冠即以诗名，开始的时候与董俞齐名，人称“钱董”，为云间词派后期代表人物，后来又与弟弟钱金甫并称为“二钱”。仕途上，钱芳标年十五补诸生，康熙元年（1662）入太学，隔年授中书舍人。康熙丙午（1666）年顺天乡试举人，康熙十八年己未（1679）举博学鸿词科，值丁内艰，没有能去成，母亲的去世让钱芳标悲痛不已，以致哀毁内伤，不久后就去世了。著有《东溟草》《金门稿》《词鞭》等。

后世给予钱芳标很高的评价。钱芳标与宋征舆（辕文）、顾贞观（梁汾）、王士禛（渔洋）、沈丰垣（遹声）、彭孙遹（羡门）、纳兰性德（容若）共称为清代“前七家”。钱芳标著有词集《湘瑟词》四卷，词格调疏朗，多隐逸之思。清初诗坛盟主钱谦益赞其曰：“皎然如玉树临风，蜚文落藻，已为都人士领袖。读其诗文，编珠贯玉，能修举其家学，锦楼湘色有余光矣。”

年轻一点的叫钱金甫，康熙十八年进士。少负才藻，工诗古文词。康熙十八年（1679）以博学鸿词应御试后，复应礼部试，榜发皆中，授翰林院编修。康熙二十三年（1684）甲子典江西乡试，称得人。累迁侍讲学士，卒于任上。著有《保素堂诗文集》。

根据钱熙泰手稿史料记载，钱金甫这一支和钱圩钱氏颇有渊源。“金山钱氏钱树本族妹祖金甫学士家贫，临没以诗文未刊为憾，树本力任之”。

在奉贤高桥钱氏一干才俊中，还出现了一位旷世“棋痴”，他就是钱长泽。高桥钱氏一族从钱长泽的爷爷钱芳标一代开始便极其好弈，有着深厚的围棋传统。钱芳标的儿子和侄子也都是上海棋界的顶尖高手，到了第三代钱长泽，更是好弈至极，以至于从懂事开始，这辈子就没有哪一天没下过棋！

虽然单纯从棋力上来说，钱长泽还没有达到顶级高手的水准，但他却给清初棋坛的两位顶级高手——徐星友和程兰如一个他们也解答不出的顶级难题。有一天，钱长泽带着一份画着

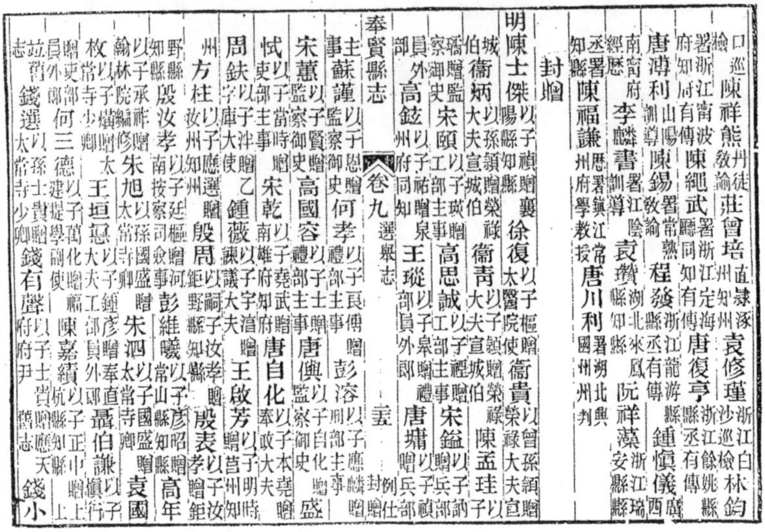

905

《奉贤县志》关于钱氏家族的记载

志
錢世貴字聖旃士貴弟明崇禎進士知諸暨縣有政聲改
國子監博士入　國朝杜門不出先是濒海竈戶人給
柴蕩二畝半不取其稅唯納丁銀若干其後海灘漸廣
向時一二畝者多至數十百畝墾爲良田皆蒙柴蕩之
名而不入縣籍無賦稅竈戶消長不一上者買柴蕩數
千畝最下者無立錐然丁銀則視舊籍無所增減貧人
或逃竄遠去丁課不登康熙中世貴言於巡按馮某計
田起科以當丁銀於是民無逃亡丁無補課各場便之
子愷諸生有名吳騏爲之傳 舊志失傳依府志補
奉賢縣志　卷十二人物志三　壹　行誼
錢金甫字越江高橋人父昶有義行鄉里推長者金甫少
負才藻工詩古文詞康熙己未以博學宏詞應　御試
後復應禮部試榜發皆中授翰林院編修甲子典江西
試稱得人累遷侍講學士卒於任金甫未第時從兄承
吉以役重遠逃縣令責代之役困辱備至無懟言伯父
旭客死撫其遺孤以養以教長爲之授室立業官京師
時其師有卒於官者金甫盡以奉錢治其喪適鄰家失
火延及師舍急命力舁棺出己亦助之火燎其鬚不顧
也友人謫遣塞外三日當出關亟稱貸得錢疾馳雨晝
夜追及贈之有友暴卒都亭外犯暑急行抵盧溝覩其

斂有陷於獄當辟者屢捽私錢力營得脫著保素堂詩
文集秀水朱彝尊序之嗣子長涵字昆河年十四名噪
郡庠朱彝尊稱之謂雛鳳清於老鳳聲也疎放不慕進
取婦翁楊瑄丁卯典京兆試長涵適在都欲拔之長涵
竟拂衣歸卒年七十臨沒諮不及私惟以父遺稿鏤刻
未竟爲恨 舊志入文苑
錢耆字尙如沙岡人康熙庚子歲貢生年七十三卒敦本
尙義有古一行風從遊既衆所入足以自給悉以祖遺
田產讓弟人以爲難 舊志
路可適字仲登垓父也高年碩德望重一鄉康熙己巳
奉賢縣志　卷十二人物志三　壹　行誼
鑾輅南巡可適時年八十有五以耆老接　駕蒙　恩
賜存問高年匾額　諭華亭令朱㒷峻送至其家又閱
十一年而卒年九十有六 舊志入耆碩
徐珣字闇峰貢長子也諸生例貢篤孝友敦任卹親族中
有貧乏者或周急或迎養無不曲至著有關易大成重
慶堂集卒年六十有一顧成天題其墓門曰醇學粹品
人以爲無愧云
汪景洙字魯士恬度里人七歲能詩爲吳門尤侗所賞十
五補諸生家有潭西草堂常招諸名流觴詠相與析疑
辨難性慷慨好施以緩急告者應之無吝色歲饑輒捐

948

《奉贤县志》关于钱金甫、钱世贵的记载

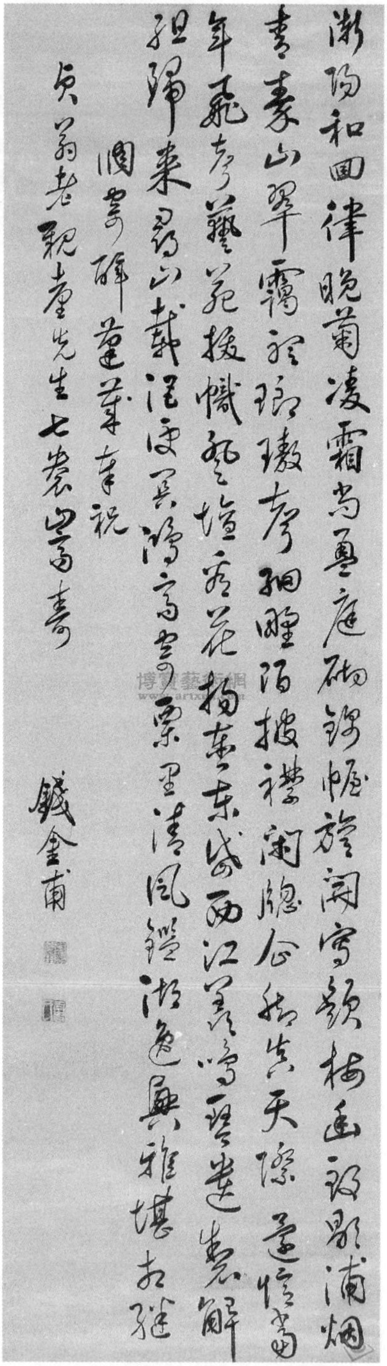

钱金甫于康熙年间草书自作《醉蓬莱》词
立轴水墨绫本（现代拍卖行资料）

围棋残局变化、官子争夺和局部妙手的集萃书稿，找到徐星友和程兰如，这些图势并不难，但钱长泽却问："为什么这一手必须要这么下，为什么那一手不可以那么下？我们只知道棋行至此唯此一手，可为什么只有这一手才行，怎么才能知道只有这一手可下呢？这些问题让我困惑了，可这些问题若不解决，又如何用此书去教导后辈棋士？"

这个问题问得确实有趣，一下子把两位顶级国手都给问住了！一般来说，徐星友、程兰如他们要想解释这步棋为什么只能这么走，只需要多摆几个变化图，告诉人家别的招法怎么不行就够了。但是棋力不到他们这级别的人，算路算不了那么精深，怎么才能知道这一招棋非走不可呢？就算你去讲解，把变化图全部摆完了，这一题咱明白了，可是换一题呢？难道又要找人把所有变化图摆一遍？

从现代研究的角度来看，简单来说，钱长泽所想对围棋做的，很像电影符号学研究者想对电影做的事情——把围棋解构掉，把每一步招法，每一次落子都看成是一个符号，研究符号和符号之间要如何组合才能具有意义，然后得出一套公式或规定程序。由此可见，钱长泽的野心是相当大的，他想把围棋变成一项人人都能当高手的运动。

后来，钱长泽终于写出了《残局类选》二卷，在书中有一篇叫《三十字母》，其中对于围棋每种战略、战术的原理、要点，都有非常精辟、全面的解读，如"征"字条写道："征棋共有四名，盘征反正回纹，临征仔细看分明，独有盘征尤甚。"钱长泽的这篇棋诀如此全面、简洁、扼要，通俗易懂。在《残局类选》书中的每一段棋诀之后，又有大量的图、谱对棋诀的内容加以解释，全书共有多达679张图。

奉贤高桥钱氏中名人辈出。当然，自以安公而后的奉贤钱氏家族中出名的也不只有钱圩钱氏和高桥钱氏两家。比如

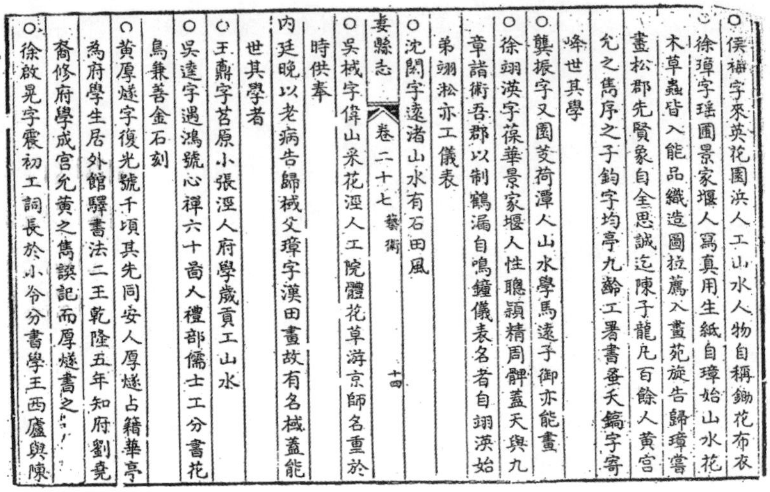

○侯樹字來英花園浜人工山水人物自稱鋤花布衣
○徐璋字瑶圃景家堰人寫真用生紙自璋始山水花
木草蟲皆入能品織造圖拉薦入畫苑旋告歸璋嘗
畫松郡先賢象自全思誠迄陳子龍凡百餘人黄宫
允之雋序之子鈞字均亭九齡工署書蚕夭鎬字寄
峰世其學
○龔振字又園芰荷潭人山水學馬遠子御亦能畫
○徐翊漢字葆華景家堰人性聰穎精周髀蓋天與九
章諸術吾郡以制鶴漏自鳴鐘儀表名者自翊漢始
弟翊淞亦工儀表
○沈閎字遠渚山水有石田風
婁縣志 卷二十七 藝術 十四
○吴棫字偁山采花涇人工院體花草游京師名重於
時供奉
内廷晚以老病告歸棫父璋字漢田畫故有名棫蓋能
世其學者
○王鼒字茗原小張涇人府學歲貢工山水
○吴達字遇鴻號心禪六十畨人禮部儒士工分書花
鳥兼善金石刻
○黄厚燧字復光號千頃其先同安人厚燧占籍華亭
為府學生居外館驛書法二王乾隆五年知府劉堯
裔修府學成宫允黄之雋譔記而厚燧書之
○徐啟晃字震初工詞長於小令分書學王西廬與陳

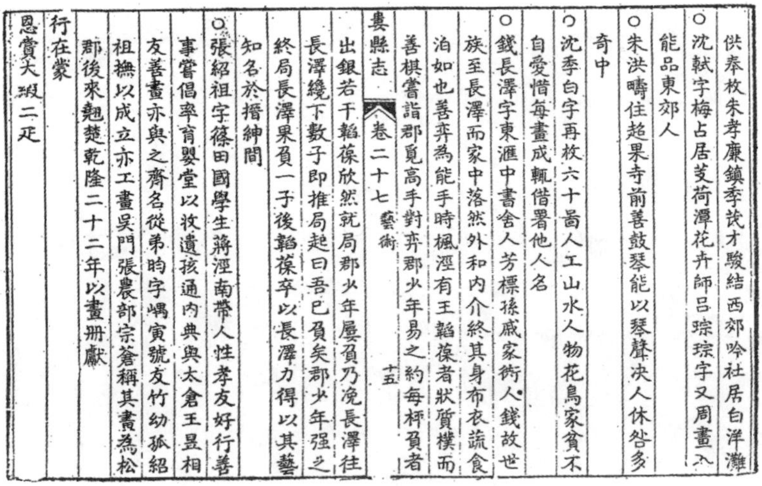

供奉枚朱孝廉鎮季莪才駿結西郊吟社居白洋灘
○沈軾字梅占居芰荷潭花卉師吕琮琮字又周畫入
能品東郊人
○朱洪疇住超果寺前善鼓琴能以琴聲决人休咎多
奇中
○沈季白字再枚六十畨人工山水人物花鳥家貧不
自愛惜每畫成輒借署他人名
○錢長澤字東滙中書舍人芳標孫戚家衖人錢故世
族至長澤而家中落然外和内介終其身布衣蔬食
泊如也善弈為能手時楓涇有王韜葆者狀貌樸而
善棋嘗詣郡覓高手對弈郡少年易之約每枰負者
婁縣志 卷二十七 藝術 十五
出銀若干韜葆欣然就局郡少年屢負乃浼長澤往
長澤纔下數子即推局起曰吾已負矣郡少年强之
終局長澤果負一子後韜葆卒以長澤力得以其藝
知名於搢紳間
○張紹祖字篠田國學生蔣涇南帶人性孝友好行善
事嘗倡率育嬰堂以收遺孩通内典與太倉王昱相
友善畫亦與之齊名從弟昀字嵎寅號友竹幼孤紹
祖撫以成立亦工畫吴門張農部宗蒼稱其畫為松
郡後來麹楚乾隆二十二年以畫册獻
行在蒙
恩賞大緞二疋

297

《娄县志》关于钱长泽的记载

在《钱氏家乘》中说到的“奉贤县象祖公分出以安公天桂将军派”，这一支奉钱澡（钱象祖之子第11世）为支祖，以安公为第15世，钱天桂为第22世。这位天桂将军在《奉贤县志》中也有记载：明天启甲子举人，昌平州总制，平乱力尽，卒于外，晋封振威将军，奉旨扶柩回籍，恩赐祭祀。

就像钱士贵、钱芳标们把光彩带到了高桥，金山钱氏的一代代精英们也为钱圩这个原本名不见经传的小地方带来了荣耀！

以安公生三子，次子如安公赘于袁浦胡氏，即居袁浦。袁浦的地理位置，可能在今天的奉贤柘林镇东南，那里原来有一个袁浦盐场。根据《奉贤史志》许金成条目：“清光绪二十七年（1901），许随兄等迁至袁浦盐场营房码头外海滩（今柘林乡营房村七队），开荒晒盐。”《奉贤县志》盐业志：“袁浦场：清雍正年间，西至三岔墩接横浦场，东至朱家墩接青村场，南至海，北至华亭运石河以及奉贤新塘镇。”这样，金山钱氏的迁徙路径就比较明确了，从北方随南宋皇室南下，迁居临海，后世以官外任至云间（今奉贤一带），遂定居下来。后世再由奉贤柘林到泰日镇，最后由泰日镇到达金山钱圩。

在袁浦，钱氏传承了七代人。钱如安生子昂，昂生镇，镇生瑊，瑊生埰，埰生为，为生一夔。正是钱一夔，让钱氏的足迹印上了钱圩的土地。

钱一夔（1591—1656），字章羽。根据《金山钱氏支庄全案》记载，章羽公由奉贤县始迁金山卫之钱圩村，自后各支或隶浙省或隶苏省。由此可见，在经历了漫长的迁徙繁衍之后，从吴越钱氏到临海钱氏，再到奉贤钱氏，最后，在二十二世的章羽公一代，终于来到了金山。钱圩的这片土地，也因钱氏家族的到来繁荣起来。

钱家圩是什么地方？据说在明末清初，也就是钱一夔徙居而来的那个时代，这片土地已经形成集镇，市场也比较繁荣。那么，钱家圩为什么要以“圩”字命名呢？说来还有一段有趣的故事呢！

“圩”，两水交叉点。先人们为防水患涝灾用土筑堤居住其上，成为一个个“圩”。圩与圩之间修有木桥石桥与外界联系。金山卫北部秦望山西南，古为沼泽水网密布的地区，有走路常遇独头圩，行船难绕断头浜之称。这里“圩区”很多，以“圩”字命名的村落就有十多处。老人讲，“圩”字是“千字文”中的一个字，是“余”的意思。现在金山当地的周圩、卫圩、龙圩、小圩等自然村落都是那时候起的名字。

据说，那时钱家已经迁入此地定居。钱家家世显赫，祖上累有做官入仕之人，故田产颇丰。明朝晚期，钱氏在当地已经开起典当行、起商行数爿，几度经营，自然是家境殷实，同时便利了附近圩上人家的贸易来往，不少客商也被吸引前来开店兴市。与此同时，钱家子弟文采出众，写得一手好文章，认为邻村以“圩”命名，字眼很有意思，但同时又对周围各“圩”很不服气，认为邻村缺吃少穿，一点也不“余”。经过再三思考，钱家人决定用“钱家圩（余）”的名字来取代临近几个“圩”，就这样，“钱家圩”的名字很快就叫开了。

数年后，钱家确实“余”了不少。史料记载，到了钱溥仪那一代，钱氏家族不仅宅第辉煌，而且钱溥仪本人还创建了义田，造福八方。金山钱氏全盛时期，有田36 000亩，有房3 000间，人丁也很兴旺，横溪、振古、敦素、敦伦、同志、敬业、爱古、大众、友素、世德、古训、清寿等十三堂先后各立门户，以钱氏十三堂为骨架，原本只是钱氏一族的自然村落蔚然变成了一个新兴的江南市镇。

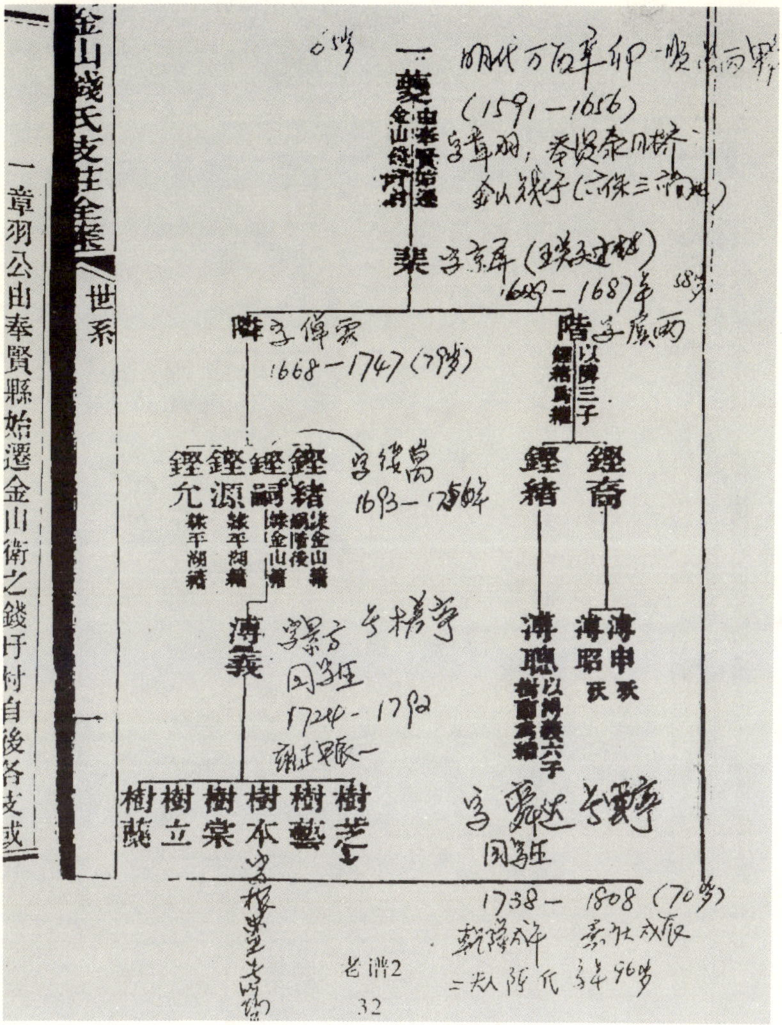

钱铭江于1890年所写家谱

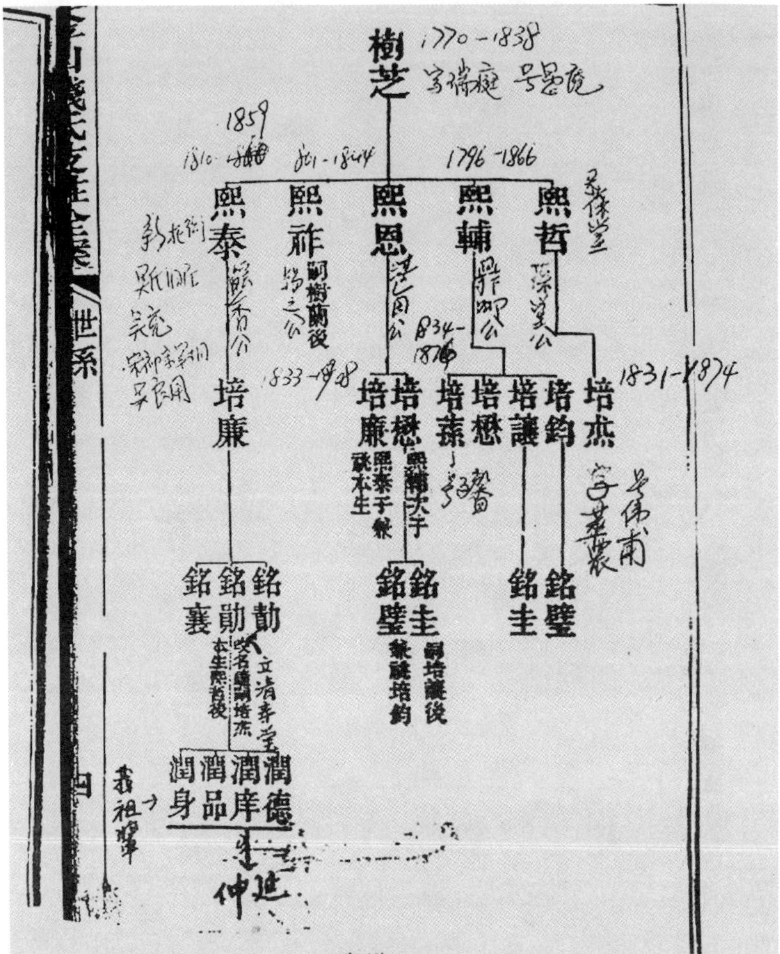

钱铭江于1890年所写家谱

邻村虽然对“钱家圩”也有些不服气，仍然各自直呼其名，但是钱家有财有势，别人家自然谁也扭不过他了。到了民国十六年，上头决定在钱家圩设一个乡，为了叫起来方便，乡名就叫作“钱圩乡”了。如此一来，以“圩”字命名的村名和以“钱圩（余）”命名的乡名沿用至今，而且“钱圩”的名字比当村名那时候叫得更响亮了。

1958年9月大办人民公社时，钱圩乡改为钱圩人民公社，1984年3月撤社建乡，又被称为钱圩乡。1993年9月30日，钱

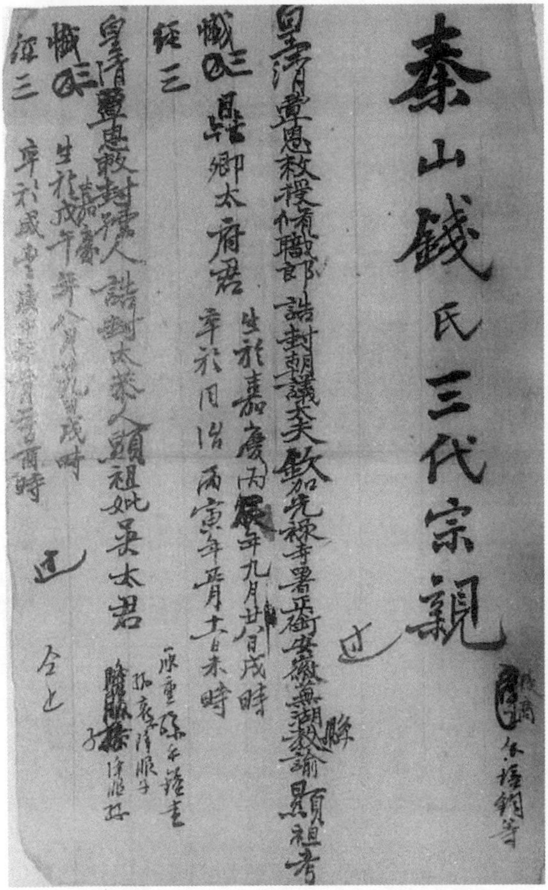
秦山錢氏三代宗親

钱培均家谱手稿

圩撤乡建镇，2001年3月8日，钱圩镇与金山卫镇撤二建一，撤销钱圩镇成立新的金山卫镇，钱圩镇区属金山卫镇钱圩社区。虽然钱圩乡、钱圩镇已不复存在，但“钱家圩”这个名字还会世代相传。

上面这些当然是后话了。

除了钱家圩的由来，现在在钱圩镇还流传着一个关于金山钱氏先人的传说：明朝时期，钱家圩还没有形成集镇。传说从奉贤胡家桥来了一位姓钱名溠亭的人到此落户。这钱溠亭是磨豆腐出身，他的豆腐做得又香又嫩煮不烂，食者交口称绝，于是生意渐渐兴隆，发家致富。钱溠亭很有远见，有钱省吃俭用，不置地造屋，而是全力供子女读书，子女们也不负众望，埋头苦读，个个出落的很有出息，以致代代有人做官。仅据县志记载，为官的有十余人，另外还有一批学术之人才。

这当然只是一个传说，并不是完全真实的。根据文献的确凿记载，金山钱氏从钱一夔时期迁徙至此，时间最早也应该是明末了，而且钱一夔的字和号也不是“溠亭”。在他的后人中倒是有一位号“槎亭”，和“溠亭”很像，但这位槎亭公钱溥仪乃是钱一夔曾孙辈的后代，是清朝乾隆时期的人物，自然也不会是传说中的钱溠亭。此外，从奉贤迁居而来的钱家也不太会是磨豆腐出身的。不过，有一点倒是肯定的，那就是钱溥仪这位槎亭公是历史上金山钱氏的奠基者。

尽管这则传说并不完全真实，但它也体现出了钱家人身上代代相传的特质：勤奋、重学、富有远见。正是凭着这些特质，这些吴越王的后人在金山海塘边扎稳了脚跟。

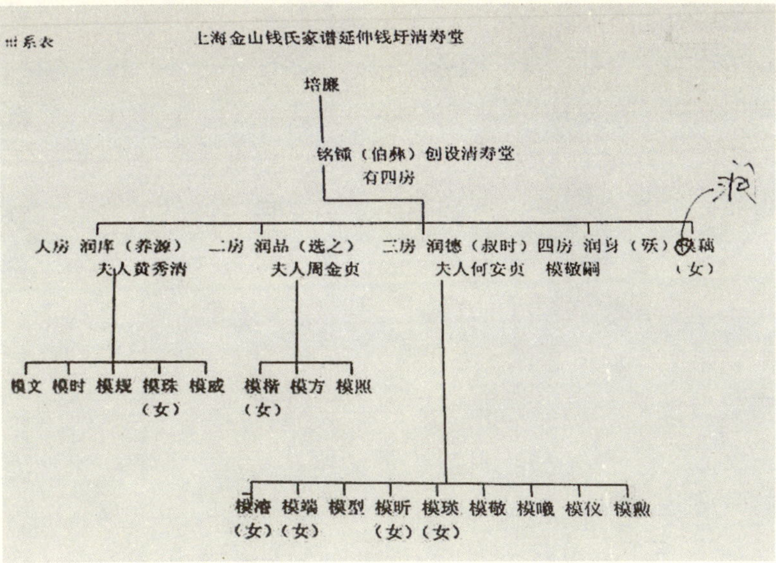

钱荣培于2004年将上海金山钱氏家谱延伸钱圩清寿堂

五、金书铁券

从临安到临海，从奉贤到金山，金山钱氏家族的发展足迹一定程度上也代表了所有吴越钱氏分支的命运。这几百年来，中华大地上不断经历着动荡的岁月，但吴越钱氏的发展步伐走得却是踏踏实实、稳稳当当，冥冥之中似有上天护佑。

难道，这真的与“金书铁券”有关吗?

唐乾宁四年（897）八月四日，唐帝国的昭宗皇帝赐镇海、镇东军节度使钱镠以“金书铁券”。券文最后说：“……是用锡其金版；申以誓词：长河有似带之期，泰华有如拳之日；惟我念功之旨，永将延祚子孙，使卿永袭宠荣，克保富贵。卿恕九死，子孙三死。或犯常刑，有司不得加责。承我信誓，往惟钦哉。宜付史馆，颁示天下。”

这块“金书铁券”也成为钱氏永将延祚子孙，长袭宠荣，克保富贵的信物。

钱镠在得券后十年，受后梁封为吴越王，铁券也就一直珍藏于吴越国宫中。吴越归宋后，后主钱弘俶迁汴，铁券也随之进入其开封府第，还先后进呈宋太宗、仁宗、神宗御览。熙宁八年（1075）三月，嫡嗣钱惟演之孙钱景臻尚仁宗第十女秦鲁国大长公主为驸马，“金书铁券”亦珍藏于钱景臻的驸马府。北宋末年，钱景臻之子钱忱奉母随宋室南迁。绍兴元年（1131）徙居临海。“金书铁券”亦携藏于临海宅第。其时，与钱家有亲戚关系的陆游曾观而跋之：“余年十二三时，尝侍先夫人于台州得谒见大公主，铁券尝藏卧内，状如筒瓦……”自此铁券长留临海达764年之久。

到了明洪武十二年（1369），明太祖封功臣，谈起铁券式样，学士危素奏闻此券，钱氏后裔钱尚德由临海进呈御览。清林扬藻的《蠡勺编·铁券》曾专门记载了此事：“台州民钱允一（即钱尚德），有家藏吴越钱王镠唐赐铁券。洪武初，太祖欲封功臣，遣使取其式而损益之。”明黄岩陶宗仪的《辍耕录·钱武肃钱券》也有“吾乡钱叔琛氏赟，乃武肃王之诸孙也……尝出示所藏铁券，形宛如瓦，高尺余，阔二尺许，券词黄金商嵌”的记载。

明成祖朱棣也曾御览过“金书铁券”。永乐十五年（1417），朱棣遣行人曹闰来到临海，欲取铁券进京。钱氏乃公推钱仕复奉券入京，永乐观后仍命钱仕复送还临海，妥善保存。到了清代，乾隆皇帝不但御览铁券，还亲题《观铁券歌》以赐临海钱氏。歌云：“表忠观永祀钱塘，铁券却在台州藏。久闻其名未睹物，秋卿同族今呈将。铸铁如瓦勒金字，乾宁岁月犹存唐。皇帝若曰咨尔镠，董昌僭伪为昏狂。披攘凶渠定江表，祲清嬴泰保余杭。用锡金版永延祚，克保福贵荣宠长。恕卿九死子三死，承我信誓钦毋忘。徒观剥蚀字漫漶，铁犹如此人何方。龙门致诮带砺誓，赵宋转眼为新王。俊杰识时有弗较，善存桑梓功斯良。其时铁券固不出，南迁后出方軆芗。作歌装匣付珍奔，所嘉谢表拉㧑谦光。”

此后，铁券转藏临海白石山下里外钱（今大田岭外村）钱文川家。钱氏子孙专门造了三间“铁券楼”，由族人轮流守护。晚清书法大家何绍基也曾到过临海，观铁券后，留下了珍贵的墨宝。铁券现作为“国宝”，珍藏于中国国家博物馆。此外，原与“金书铁券”同藏临海的钱氏珍宝还有二王手卷。今分成两半，首部藏浙江省博物馆，内容是两代钱王钱镠和钱弘俶先后颁给崇吴院僧匡嗣牒的批札。下半部于1998年4月24日在纽约佳士德拍卖会上为某华裔所得，内容是钱弘俶给叔候的一封表示问候的信函。这一部分经历宋、元、明、清数朝诸多人如朱熹等之手，不断观赏题跋，不断装裱加长，总计竟有43位名家之多，其中钱尚德的一段题跋，交代了钱王手卷分离的来龙去脉：“（洪武）元年九月二十八日大兵入台城（临海）……镠二王手泽得之于营寨中，首尾皆扯毁。”

这就是金书铁券的故事。这小小的一块金书铁券，可以说是整个吴越钱氏源起的缩影。或许，也正是在它的护佑下，从临海迁出的金山钱氏子弟，最终写就了属于自己的力量与荣光。

钱镠铁券

唐　乾宁四年（公元897年）

钱镠（公元852—932年），吴越国的创建者，杭州临安（今浙江临安）人，曾任唐镇海、镇东节度使。这是唐昭宗赐给钱镠享有“死罪免死”特权的铁券。

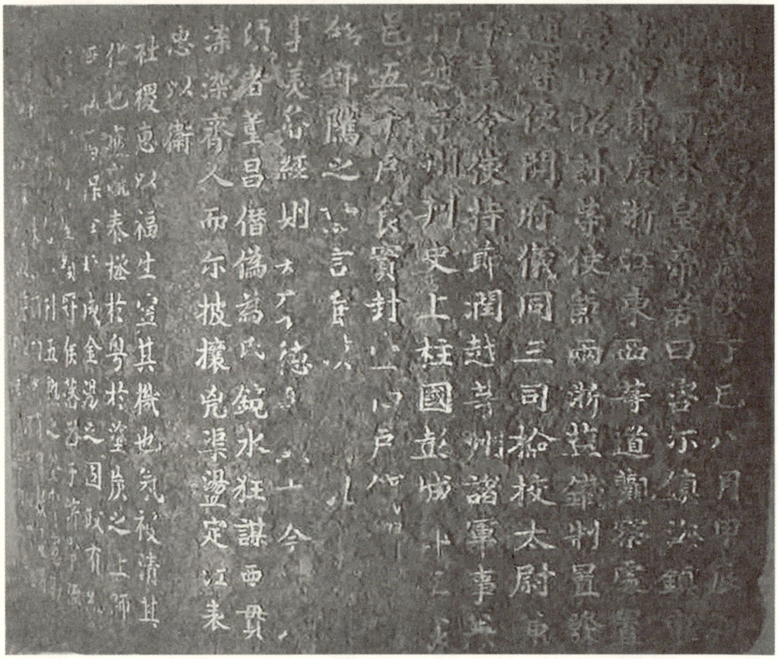

钱氏金书铁券，现藏中国国家博物馆（摄于2016年8月30日）

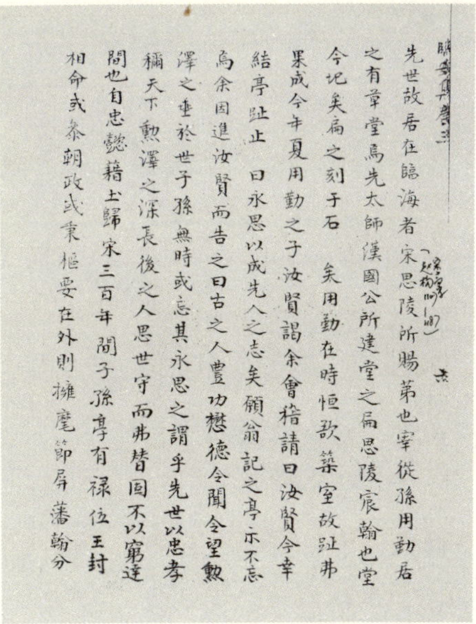

臨安集卷三

先世故居在臨海者宋思陵所賜第也宰從孫用勤居
之有章堂爲先太師漢國公所建堂之扁思陵宸翰也堂
今圮矣扁之刻于石　矣用勤在時恒欲築室故趾弗
果成今年夏用勤之子汝賢謁余會稽請曰汝賢今幸
結亭趾上　曰永思以成先人之志矣願翁記之亭亦不忘
爲余因進汝賢而告之曰古之人豈功懋德令聞令望勲
澤之垂於世子孫無時或忘其永思之謂乎先世以忠孝
稱天下勲澤之深長後之人思世守而弗替固不以窮達
間也自忠懿籍土歸宋三百年間子孫亭有祿位王封
相命或參朝政或秉樞要在外則擁麾節屏藩翰分

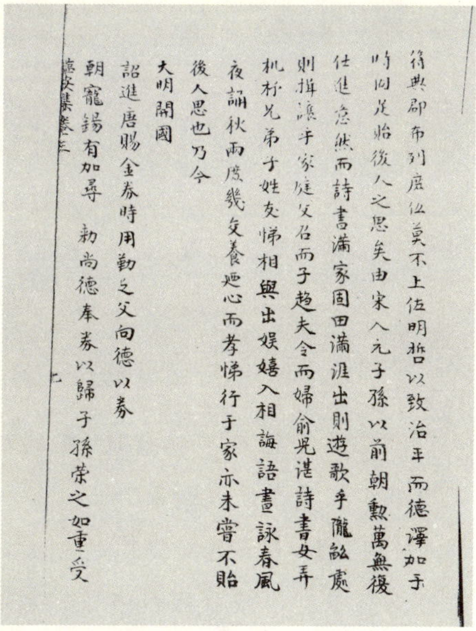

循典郡布列庶位莫不上佐明哲以致治平而德澤加于
時問是貽後人之思矣由宋入元子孫以前朝勲萬無復
仕進意然而詩書滿家園田滿泚出則遊歌乎隴畝處
則揖讓乎家庭父召而子趨夫令而婦俞兒諶詩書女弄
机杼兄弟子姓友悌相與出娛嬉入相誨語晝詠春風
夜誦秋雨庶幾乎養㮣心而孝悌行于家亦未嘗不貽
後人思也乃今
大明開國
詔進唐賜金券時用勤之父向德以券
朝寵錫有加辱　勅尚德奉券以歸子孫榮之如重受

臨安集卷三

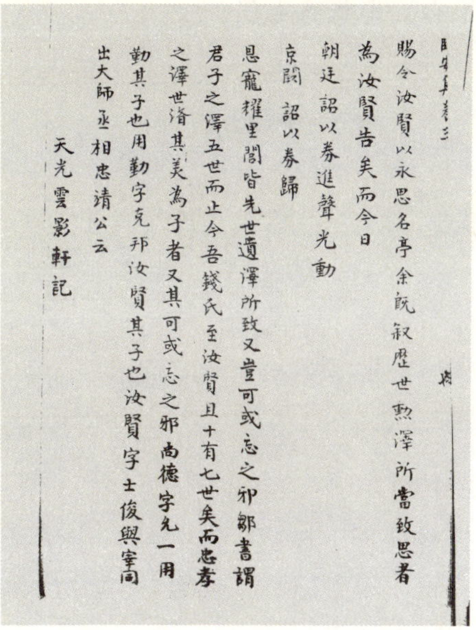

臨安集卷三

賜今汝賢以永思名亭余既叙歷世勲澤所當致思者
爲汝賢告矣而今日
朝廷詔以券進聲光動
京闕　詔以券歸
恩寵耀里閭皆先世遺澤所致又豈可或忘之邪鄙書謂
君子之澤五世而止今吾錢氏至汝賢且十有七世矣而忠孝
之澤世濟其美爲子者又其可或忘之邪尚德字允一用
勤其子也用勤字克邦汝賢其子也汝賢字士俊與宰同
出大師丞相忠靖公云
天光雲影軒記

有关明朝皇帝阅钱氏金书铁券的记载（摘自钱宰《临安集》）

第三章
教育兴乡

导语

“2012年，经历了整整100年的风雨沧桑，焕然一新的金山钱圩小学展现在世人面前。

在塑胶操场一侧新揭幕的硕大纪念牌上，有一位老人的肖像颇为显眼。他戴着圆框眼镜，眉目和蔼，炯炯有神。他是钱圩小学的创始人，来自金山钱氏家族……”

一、百年校庆

2012年11月30日，初冬的寒风让人感觉到了阵阵凉意。在金山钱氏清寿堂的原址上，矗立起一座崭新的钱圩小学。今天，这里洋溢着从来不曾有过的喜庆气氛，“纪念金山区钱圩小学成立100周年”的庆典仪式正在盛大举行。硕大的操场上人头攒动，校长张照龙健步走上主席台，面对着台下稚嫩的孩子们，面对着台下一代代、一批批或是正当盛年，或是白发苍苍的学校故人，他迎着凉风，慷慨而道：“钱圩小学诞生100年了！一百年的历史，是一本震撼人心的书；一百年的积累，是一曲荡气回肠的歌！”

是啊，百年间，钱圩小学的校名几经更改，校舍几经变迁，但百年发展留下的文化积淀，百年奉献铸就的桃李芬芳都无不见证了这座普通农村小学的求存发展之路。

钱毅老人赠钱基敏画作（2017年）

致辞完毕，张照龙校长突然走下主席台，走进观众席，恭敬万分地搀扶着一位耄耋老人重新缓缓走上主席台，一旁的少先队员代表涌了过来，给这位他们素未谋面的老爷爷献上鲜花，老人俯下身子，和孩子们轻轻拥抱，口中还不忘在孩子们的耳边和蔼地叮嘱几句。

这位老人名叫钱毅，当时已经是90高龄，但却是精神矍铄。钱老曾经做过上海市商检局副局长，即便退休多年，但举手投足、穿着打扮之间依然是气质不俗。当他拿起话筒，站在主席台上，用无比洪亮的上海话开始发言时，台下所有的人都深深动容了——

“我今天没什么准备。这所学校，也就是钱圩小学，据说就是我的先人创办的！这是我之前所不知道的，因为我从小就生在长在上海，读书在上海，工作在上海，家乡的事情可以讲是一无所知。现在我知道了我的先人创办了这所学校，我的内心非常高兴，我相信我的先人们在九泉之下看到这个学校100年之后还在办学也会非常高兴。在一百多年前，我们钱氏确实很重视教育。在百年之后，我重新回到金山，看到这所小学，感到十分兴奋。这所小学的规模很大，连我读大学时的校园也未必有那么大，我看到这里的校训校风都非常规范，我相信，正是这所小学的创办至今，让我们的家乡不再有文盲了，也为国家培养出了更多的人才。我祝愿钱圩小学越办越好，谢谢大家！”

言毕，台下响起了热烈的掌声，耳边回荡起“身体健康，福如东海，寿比南山”的声声祝福，此刻，钱毅老人的眼眶隐隐有些湿润了。100年前，自己家族的先人创办了脚下的这所学校；100年后，自己以90高龄重新回到家乡，第一次踏进这所学校的校门，这份惊喜如何不让老人激动万分？是啊，钱老确实离开故乡太久了。再见家乡时，披上无比的荣耀，不能不说这是祖先为他施下的一片福荫。

望着台下的家乡人，钱毅高兴地掀起了主席台中央牌匾上原本遮盖着的红布，他给钱圩小学百年校庆专门挥毫泼就的题词赫然映入眼帘，上面写着这样两句话——“楚河汉界育新人，弈海棋林修身心”。

这是钱毅老人对钱圩小学最好的期望；而钱圩小学的今天，也是对金山钱氏几代人致力于教育兴乡事业的最好褒奖！

二、风雨沧桑

清代时，金山钱氏中人多有任教谕一职，负责督导当地教育。作为一个书香世家，钱氏家族对教育的重视本身也是促使他们致力刻书的一个重要因素。

鉴于在封建社会里，大多数的善本、珍本书册都被皇室达官和少数文人据有，平民百姓、布衣学子几乎难求一册。在这种情况下，钱氏中有担当的才俊们才立志校勘刊刻名人著作，以馈赠亲友学子，传播文化。钱氏刻书坊中的重要一员钱树本在目睹学校、私塾缺少教材的情况后，就自己动手校刊了分期史《国语读本》《国策读本》《左传读本》《公谷读本》和道学《庄骚读本》五种，还有别集《一点阁文选》作为通用教材，解决了学生读书课本的不足，为清代教育事业做出了贡献。

当然，光有了书，光有了刻本是远远不够的。钱氏家族偌大的藏书楼滋养出了顾观光、张文虎这样的晚清名士自然是一段佳话，但我们不能忽视的是，相比于一两位天才级人物的横空出世，金山钱氏在教育普及上的功绩更是不容磨灭。一所所小学，一座座学堂，即便是在晚清的动荡局势下，金山钱氏依旧用一份带着书香的承诺履行着对家乡的担当！

在钱氏教育兴乡的业绩中，最值得一提的自然就是钱圩中心小学。

1905年2月，钱氏家族创办了一所私立小学校，名叫“崇义初等高等小学校”，校址选在了钱圩镇东首（即现在的钱圩广场，原来大礼堂的位置），学校的经费全部由钱氏的“义庄”支付。所谓“义庄”，指的就是钱氏在宗族中提出一定数量的土地，每年收支由专人管理，主要用于钱氏族中的公共事业，故称为“义庄”。“义庄”中的一切财产，钱氏任何人不准动用或变卖，直接成为金山钱氏教育兴乡的重要经济支撑。

这所私立学校的开办初期，只招收本地男性学生，共有三个班级，实行一到五年级的教育，共有教员八人，学生47人（都是男生）。学校聘请教师，很讲究学识和资历，如当时的校长杨一龙，教员徐应钦、周仲贤、方达君、王傑士等，都是当地的知名人士，文学功底不俗。在对教育质量如此严格的要求下，崇义初等高等小学校一度在周边一带负有盛名，成了一所知名小学校。

一晃20年过去了，崇义初等高等小学校在这段时间里立足钱圩当地，培养出了一批批的毕业生，使得钱圩当地学风大振。除此之外，崇义初等高等小学校也在不断谋划着创新与变革。1924年春，学校开始聘请女教员任教，而且还招收女学生入学，与此同时，也招收外地寄宿生。是年，学校学生人数增加到了九十余人。崇义初等高等小学校的声望一时达到了顶峰。

學　堂

育英　在六保二十六圖五區頭。光緒二十九年公立。

留溪　在六保十七八圖鎮北。武聖廟同善堂。光[脱緒字]三十一年公立。

實枚　在六保十五圖高氏山莊。光緒三十一年高煌、黄繼曾、姚裕謙立。

崇義　在六保二十三六圖錢圩錢宅。光緒三十一年錢氏立。

迪新　在六保十六圖河涇灣賃舍。光緒三十三年俞秉鈞、朱光英立。

一簣　在六保二十三六圖錢圩錢宅。錢氏立。

右兩等小學堂。

義莊　在六保十七八圖鎮北錢氏義莊。光緒三十一年錢氏立。

沐瀝　在六保十六圖八字橋南五區賃舍。光緒三十四年勸學所設。

啓明　在七保三十四六圖奮港南六區張宅。光緒三十四年勸學所設。

寅賓　在六保二十五圖孔家閼南七區賃舍。光緒三十四年高氏、錢氏立。

查陽　在七保三十七圖北倉武廟。南八區光緒三十四年勸學所設。

三育　在七保三十七圖陳家浜侯宅。光緒三十四年奚

地方志书中记载钱氏办的学校

62　　重輯張堰志

氏、陳氏、俟氏立。

模慈　在六保二十五圖法雲庵。宣統元年正月錢模慈立。

肇基　在六保十九圖許家浜陸宅。宣統元年正月孫念胥立。

存養　在六保二十三六圖劉家堰橋賃舍。宣統元年正月私立。

姜氏　在六保十七八圖濕香庵。宣統元年正月姜敏道等借設。

查東　在七保三十八圖翁宅。宣統元年二月翁駿立。

尚公　在七保三十四六圖東嶽廟内。宣統二年正月公立。

右初等小學堂。

欽明　在七保三十四六圖文帝廟暨濟嬰局屋。光緒三十四年高堪、何錫琛、錢銘勛、姚後超等借設。

右女學堂。

地方志书中记载钱氏办的学校

当然，世间规律，由盛而衰，物极必反。在办学多年后，由钱氏义庄一力支撑的崇义初等高等小学校也终究有走向困境的时候。细究其间的原因，一方面是因为当时的钱氏家族受时局影响，其经济力量已经无法支撑耗资巨大的公共事业；另一方面，由于社会动荡不安，当初主持办校的钱氏中人，大多避居松江、上海等地，无暇再顾及学校。种种原因，最终让崇义初等高等小学校在1929年停办。

崇义初等高等小学校就这样彻底消失了？当然不会！不然怎么还会有后来钱圩小学的百年历史？世事沧桑，自有天意。20世纪上半叶的动荡固然能使崇义初等高等小学校衰落，但也能让它在浮沉的世事中历练出名校本色。

早在1912年（民国元年），也就是崇义初等高等小学校创立的七年后，钱圩地区又创建了一所新的小学，它最早的名字叫“崇实初级小学”，全称是“金山县张堰市立崇实初等小学校”。说起这所小学的创办原因，一方面是受到西方文化教育在国内广泛传播的影响，另一方面是当时已经推翻了清王朝的封建统治，建立了民国，“废除旧学，新办新校”成了新时局下的踊跃呼声。就这样，一所新学校由此诞生，与早先成立的崇义初等高等小学校相互呼应，共同支撑起了钱圩的初等教育。从崇实小学创建到崇义小学停办，钱圩镇上有两所小学并存。因崇义小学在东，人称“东学堂”；崇实小学在西，称之“西学堂”。

1925年（民国十四年）8月1日《金山周报》报道，是年上海五卅运动发生后，崇实小学的学校师生无不悲愤，他们利用暑假，上街募捐讲演，并排练节目，义务演出，宣传惨案真相，声援工人运动。

崇实初小在1912年建校时，有三个班级，进行一到三年级的教育，学校有三个教师，学生48人，与崇义小学截然相反的是，崇实小学的学生都是女生。崇实小学的校址开始时选在顾家房子，次年迁到南戚宅基，租用戚姓民房两间上课教学。

到了20世纪30年代，钱圩的蓬勃学风因为日寇的到来，遭遇了前所未有的打击。

1937年11月5日（农历十月初三），日本侵略军从金山卫登陆，铁蹄踏入家乡，到处战乱一片，崇实初小也停办了。次年5月，地方上略为安定，当地又重新建立起了一所“难童小学”。根据《金山县志》记载，发起建立“难童小学”的正是金山钱氏家族的后人钱模曦、封军等人，他们出资出力，提倡免费教学。金山钱氏教育兴乡的家族夙愿又重新在这乱世散发出了光芒。

难童小学的校舍仍设在原来崇义小学的旧址上，学生有近100人，课本由教师自编自印，教员依靠临时聘请（主要是当地失学青年），共有七八人，义务上课，不拿工资。彼时，焦头烂额的国民政府根本管不上这所难童学校，学校完全是自筹自管的。根据资料记载，1938年5月到1938年12月，钱模曦和封军一直是当时难童小学的负责人。直到1938年10月，汪精卫伪政府接管了这所“难童小学”，并改名为“钱圩初级小学”，仍派战前该校校长沈逸清担任校长。

难童小学的建立，既是钱圩人民对教育事业不甘枯竭、不懈追求的成果，也是崇义小学和崇实小学重获新生、合二为一的标志。虽然时局依然动荡，虽然身处汪伪政府的控制下，但这所学校终究是走上了属于自己的发展轨迹。

1942年，汪伪政府派高洋担任钱圩小学校长，在学校的教学课程中增设了“日语课”，由一名叫“小路”的日本人上课，意在推行奴化教育。1945年，日寇投降后，学校再次迁到老典当房子，从此，校址才固定下来。1946年，学校更名为“钱圩中心国民小学”，1947年冬，钱圩乡并入张堰镇，学校更名为“张堰镇第二中心国民学校”。1948年秋末，钱圩复乡，学校也恢复原来名称。

数年以来的不断更名和迁址事实上并未给这所钱圩小学带来什么实质性的好处。直到新中国成立前，钱圩小学的学校校舍和教学设备都极其简陋，校舍主要是租借而来的民房。其实，包括钱圩小学的前身崇实初小在内，这里的办学条件一直不是很好。1913年，当时的金山县视学李铭训来视导崇实初小后，写了如下评语：“……设备简陋，且未能整齐，教室北光弱，宜转换生徒席次，采用南光……应设操场，注意体育……校门出入口有猪棚，有臭秽，应设法迁出。”到了1949年5月上海解放后，经过统计核对，钱圩中心校当时只有118只课桌、95只双人椅、25只单人椅、10只办公桌、11块黑板、70本图书和一架地球仪。条件不可谓不艰苦。

1912 ~ 1949年钱氏创立学校校名、校址变更和学校负责人名录

校　名	校　址	负责人	性别	职　务	任　期
崇实初级小学	顾家宅	周剀	男	校长	1912
崇实初级小学	南戚宅	钱霁曧	男	校长	1913
崇实初级小学	南戚宅	陆志刚	男	校长	1914—1930
崇实初级小学	崇义校旧址	钱模远	男	校长	1930—1932
崇实初级小学	崇义校旧址	戚景贤	女	主事	1933—1934.7
崇实初级小学	崇义校旧址	莫叔建	男	主事	1934.7—1935.7
崇实初级小学	崇义校旧址	陆蕴秀	女	校长	1935.8—1937.7
崇实初级小学	崇义校旧址	沈逸清	女	校长	1937.8—1937.11
难童小学	崇义校旧址	钱模曦 封军	男	负责人	1938.5—1938.12
钱圩初级小学	崇义校旧址	沈逸清	女		1939.2—1940
钱圩初级小学	汪家宅基	方伯超	男	校长	1941—1942
钱圩初级小学	横溪、振古堂	高洋	男	校长	1942.9—1943.6
钱圩初级小学	横溪房子	方伯超	男	校长	1943.6—12
钱圩初级小学	北戚宅等	何定芳	女	校长	1944年春—年底
钱圩初级小学	五埭头房子	俞默宣	女	校长	1945年上半年
钱圩初级小学	老典当房子	夏意超	男	校长	1945.2年底
钱圩中心国民学校	老典当房子	何瑾	男	校长	1946.1—7月
钱圩中心国民学校	老典当房子	姚枚士	男	校长	1946.8—12月
张堰镇第二中心国民学校	老典当房子	姚枚士	男	校长	1947.1—解放

（摘自《金山区钱圩小学百年简史（1912—2012）》）

三、重回校园

2015年5月，迎着初夏的微风，一辆汽车缓缓地开进了钱圩镇，从新建的钱商大街一路行驶，然后左拐转进熙熙攘攘的建圩路，马上就能看到钱圩小学的校门。走进学校，素雅洁净的教学楼、围着崭新塑胶跑道的大操场、秀美玲珑的绿化带……相比于周遭的民房店铺，这座占地面积接近8 000平方米的现代化农村小学显得鹤立鸡群，分外显眼，更是与66年前刚刚解放时学校简陋破败的景象有着天壤之别。

就在两年多前，钱圩小学刚刚迎来了自己的百年诞辰，一系列的庆典活动、校舍修缮和校史资料的编纂，也让这所百年老校焕然一新，气势非常。在面向操场一侧的教学楼外墙上，有一方硕大的浮雕纪念墙，上面刻满了100年来钱圩小学的发展历史以及辉煌成就。

一个世纪的风雨沧桑过去了，历史仿佛总能够给我们带来一种巧妙的轮回，这种巧妙的变化曲折而缓慢，最终形成的结局有时只能让百年之后的后人才能突然领悟，发出会心一笑，感慨一番天意。如今，这种历史的巧合发生在了钱圩。这所钱氏家族创建的小学在钱圩一隅辗转多处办学，如今最终迁入了市河西岸的这一方土地。这里曾经是钱圩镇政府的所在地，如果我们再往前细查，就可以发现，这里竟然就是金山钱氏清寿堂的故址！

曾经，钱家清寿堂高门大院、层罗叠嶂，兴盛一时，如今，这处气派恢宏的江南名宅早已经在历史的洗礼中不复踪影，转而平地而起的是一所崭新的现代化小学，而这所小学恰恰就是钱氏中人亲手创立的！这样的巧合不得不说是历史给予钱氏家族在近代推动文化教育的一种莫大肯定。

如今，当我们一路而来重回钱圩小学，登上崭新教学楼的最高一层，俯瞰校园全貌，没有人不会心生感慨。

放眼望去，钱圩市河静静地倚靠着学校的东侧围墙，就像是一条天然屏障，守卫着学校。初夏的市河河面上漂浮着绿萍，河水幽绿平静，相比一个世纪前，这条河变窄了不少，原本南侧的那座老木桥也早已翻新成了一座砖板桥，名叫朝阳河北桥，连通着东街和西街。

缓缓流淌的市河，在过去原本是进出清寿堂的重要通道，在东街和西街上，米铺、豆腐店等商肆曾经鳞次栉比，东街一段的土地大多也是钱氏的地产。然而时过境迁，如今这一切都已近烟消云散，钱圩的马路上连一块旧牌坊的遗迹都已经看不到了，只剩下这幽绿的市河水亘古不变的静静流淌，唯有教室中传来的阵阵读书声在耳边回荡。

清寿堂旧址（现小学也是由钱氏义庄创立的小学搬迁于此）

第四章
乱世抉择

导语

当时间的指针指向20世纪，中国历史上最为动荡、最为颠覆、最为苦痛的时代到来了。多少人的命运从此开始转折，多少名门望族从此支离破碎。我们关心那个时代钱氏家族的命运，但那个时代的钱氏后人却在关心整个国家的命运。

如果你有幸走进位于金山张堰的南社纪念馆，在社员名录上一定会找到这样两个名字：钱攘白、钱模宗。在南社这个中国近代史上声名赫赫的进步社团里，他们与孙中山、宋教仁们站在了一起。

一、厄运难料

两千多年前，秦始皇统一天下，登上帝位的他意气风发，一路东巡。有一天，他来到了杭州湾畔，兴致盎然地登上一座小山，望见远处有一座山峰，山上植被茂盛，而且呈现出一片金黄色，始皇帝不禁赞叹一声："好一座金山！"身边陪同的官员赶紧记下了皇帝的话，于是此山便被命名为"金山"，而秦始皇登上的那座小山则被称为了"秦望山"。这就是金山地名最早由来的传说。

秦始皇不会想到，自己的生命最后会在东巡之路上终结，他也更不可能料到，他眼中的这片“金山”，在两千多年后会迎来一场从未有过的浩劫。

1937年，侵华日军在上海发动淞沪战争，由于中国军队的顽强抵抗，日军损失惨重，难以从正面突破防线占领上海。为了从侧翼威胁淞沪战场的中国军队，日军选择了防务薄弱的金山卫偷袭登陆。

1937年11月5日拂晓5时许，侵华日军第十军三个师团共11万人趁涨潮之际，凭借着大雾的掩护，驾着小船，从金山卫沿海东起金山嘴西至白沙湾一带的滩头阵地偷袭。7时许，大部队在炮火、飞机的掩护下，对金山卫大举进犯。当时驻守金山卫沿海的国民党军队62师正调防川沙，接防部队尚未抵达，沿海一带仅留守三百余战士。守军殊死抵抗，仅四十余人突围，其余全部壮烈殉国。

日军登陆后，一路烧杀北侵，犯下斑斑罪行，仅三天内就在金山卫镇屠杀居民1 015人，焚烧房屋3 059间。后人将这些暴行分别命名为金山卫城南门惨案、金山卫西门镇血案、查山乡仓头村杀人塘惨案等。

时光又匆匆过去了七十多年，如今，你只有在金山区离海滨不远处的金山卫城南门侵华日军登陆处遗址纪念地，才能真切了解到这片土地上曾经落下的战火和曾经发生的惨剧。

国将不存，皮毛焉附；民族若亡，何况一姓！随着时局动乱，日寇来犯，已经在金山耕耘了数百年的钱氏家族自然也不会无动于衷，甚至他们有着比常人更为剧烈的担忧。

当时钱毅的父亲钱润瑗虽然当时身患重病，但虚弱的他还是下定决心，全家迁居上海市区。

事实上，兵荒马乱之际，钱氏家族中像钱润瑗这样做出迁居决定的并不是少数。金山钱氏家族曾经在钱圩、张堰等地逐步开枝散叶，发展起来的十三堂，也就在这个时期里慢慢地没落了下来，不少钱氏族人为避战乱，纷纷举家迁徙到了上海市区，留守金山老家的钱姓日渐稀少。

金山钱氏清寿堂后人钱荣培晚年在整理编撰清寿堂家谱时，曾收录了同族堂兄弟钱荣国的一篇文章。这篇文章对金山钱氏家族的堂名作了一番初探，然则“钱氏家族堂名繁多，我生也晚，有的也不知道。现以记忆所及，简述于后”。根据这篇文章的记述：

敦伦堂原在钱圩河东沿，房屋在抗日前就已经被毁。抗战中，此堂的人们移居上海霞飞路霞飞巷。敦伦堂现在的后人有钱模侠在上海，是上海交通大学化学系的离休教授。

敦素堂，和敦伦堂一样，两堂的房屋同时被毁，两家原本都是钱氏富户。但敦素堂的后人现在在哪里？这点是不明的。

同志堂，与我家同一大墙门，门口高约盈尺，西为“同志”，东为“碧云”（我家）。我至今也不知道这两“堂”的关系为何密切如此？“同志堂”在我幼年时，堂长辈最大的是三太太（苏州人），下有二姨太、三姨太，都比较年轻。三太太生了一个儿子，我叫他证阿叔的（钱亚农），他是“同志堂”唯一的男丁，在家里位高权重。后来我们“清寿堂”的森阿叔（钱模曦）立嗣给三太太，这关系我就搞不清楚了。

清寿堂，现因有谱，略过。

振古堂，“模”字辈和我有联系。我不是很清楚“荣”字辈，只知道“基”字辈两人：长为“基定”（男），现在在上海浦东，次为“基安”（女），现在在广东。

横溪堂，家世没落，现仅剩独生子钱荣爵留一女在钱圩。

爱古堂，与“碧云堂”小路相隔，新中国成立前早已家道中落。领养钱润光主持门户，生四女：钱振华、钱碧华、钱书华、钱青华。

碧云堂，我家原也是殷实富户，因祖代与“爱古堂”因故打官司，最终两败俱伤，才家道中落。祖父早亡，留下两子：钱模远、钱模成。长房生两子一女（钱荣国、钱荣球、钱荣真），二房生两子（钱荣乾、钱荣旭）。

古训堂，早迁张堰，几房不明，我早年接触者为钱荣震，钱荣寰，其父我称为“三伯”，估计为“三房”。

世德堂，私宅在张堰（现张堰公园处），不来往，不知底细，只知主人叫钱采石（字）。

五埭头，不知堂名，神秘不可知，只知富可敌乡，主人皆他去，其下辈也无可知也。

（钱荣国提供资料，2004年2月）

对钱荣国的回忆，钱荣培在此基础上也做了一些补充。他特别指出，钱圩钱氏有东、西钱之分，西钱现在还有钱荣幸

（女），她是一位退休女教师。

国之动荡，外敌入侵，普天之下的每家每户都无法幸免此难，即便如金山钱氏这样在金山拥有数百年根基的大家族也在这场浩劫中支离破碎。不过，钱家的子弟们从来是不甘沉沦的，钱家的子弟们从来就是在时代变革浪潮中冲在最前面的先锋。这一点，从中国20世纪初的风云变幻中就已经显示出来。

二、南社英豪

从钱圩到张堰，短短不到15分钟的车程，沿途有一座小山十分引人注目。这座山就是秦望山，也就是当年秦始皇东巡登高眺望取下“金山”之名的地方。2015年春夏之交，钱氏清寿堂后人（娘娘）回到故乡，在钱圩去向张堰的路上，（娘娘）透过车窗看着不远处的秦望山，不禁感慨万千。多少年过去了，秦望山这个名字始终清晰地印在她的脑海里，“以前，我的叔叔钱模规在张堰开了家杂货店，我小时候从钱圩去张堰玩，路上总要经过这座小山头。几十年过去了，只有这座山好像没变一样，还是那么绿，那么高！”

秦望山其实并不很高，但它就好像是钱圩与张堰之间的纽带，也在百年之间见证了钱氏家族的繁衍壮大，见证了钱氏一支在张堰的繁荣。

今天，相比于热闹的钱圩镇，紧邻的张堰镇有一种从来没有过的“崭新感”。这个历史悠久的江南市镇，到处都是紧锣密鼓的施工景象，一幢幢老房子被翻修，一处处老景点被重塑。修旧如旧，还原历史，重现名镇的光彩似乎成了张堰人的终极目标。

新建路，顾名思义，相比传统意义上的张堰主干道——张堰大街，新建路自然是改名建成的。这是一条整齐素净的石板

2015年南社采访（自右往左：王唯铭、姚昆渝、钱基敏、唐昱霄）

路，两边颇为显眼的酱红色仿古路灯一字排开，还有远处那座小红桥，格外雅致。这一番翻新后的景致，让这里依稀有了一种江南水乡小镇、热门旅游景点的味道。不错，这儿就是一处旅游景点，甚至可以说是整个张堰镇的门面，因为著名的南社纪念馆就坐落于此。

“文有南社，武有黄浦。”南社，是一个曾经在中国近现代史上产生过重要影响的资产阶级革命文化团体。1909年，南社成立于苏州，其发起人是陈去病、高开梅和柳亚子等。南社受孙中山先生领导的同盟会影响，取“操南音，不忘本也”之意，倡导进行资产阶级民主革命，提倡民族气节，反对满清王朝的腐朽统治，为辛亥革命做了非常重要的舆论准备。

南社在1909年11月13日成立以后，把活动中心设立在上海。南社社员的数量十分庞大，达到一千一百八十余人，而且均是当时中国政界、文化界名重一时的人物。我们所熟悉的孙中山、宋教仁、于右任、秋瑾、李叔同、苏曼殊等都是南社中人。南社在1923年解体，以后又有新南社和南社湘集、闽集等组织，前后共延续三十余年。

风风火火的南社往事，如今凝聚在了张堰。南社纪念馆就设立在南社领导人之一的姚光的故居内，是国内首个全面陈列南社历史人物事迹的纪念馆，反映了20世纪初中国先进知识分子参与社会革命及各种文化活动的史实。纪念馆在2009年1月正式向社会公众免费开放，到了2010年4月，上海南社纪念馆创建成为国家AAA级旅游景区。

走到新建路路口，就能看到南社纪念馆，一身“红装”，显眼而气派。由于这里曾是姚光故宅，南社纪念馆的修复工程在保留原有古建筑为主轴的基础上，增设了门厅、楼亭和西大厅，从而形成“两路三进”的基本格局。门厅前按照老照片恢复四立柱的“泽陂东南”石牌坊。如今，曾经齐齐整整的老墙、砖瓦已恢复原貌，沿老宅狭长的木梯上楼，木窗、木门、梁柱、走廊等透露着清幽气息。

修复后的南社纪念馆规划用地1 500平方米，建筑面积1 000平方米。一楼室场内全部辟为展览区，陈列着珍贵的南社史料，并作为爱国主义教育基地长期对外免费开放。

跨进南社纪念馆的大门，前院左侧的一整面白墙上刻着《南社同人录》。南社社员，精英云集，名人荟萃，以中国同盟会成员居多，以中国近代知识分子和精英分子居多。在这面名录墙中，可以找到两个特别的名字——钱瓖白和钱模宗。

不仅如此，走进展览大厅，正对着的一幅巨大照片墙上，在中国同盟会创始人黄兴的相片右侧，我们还看到了钱瓖白的照片，照片上的这位钱氏革命先祖留着平头，脸庞消瘦，相貌清秀，眼神温和。恐怕连他自己也不曾想到，在那个风云变幻的岁月里，自己竟然留下了浓墨重彩的一笔。

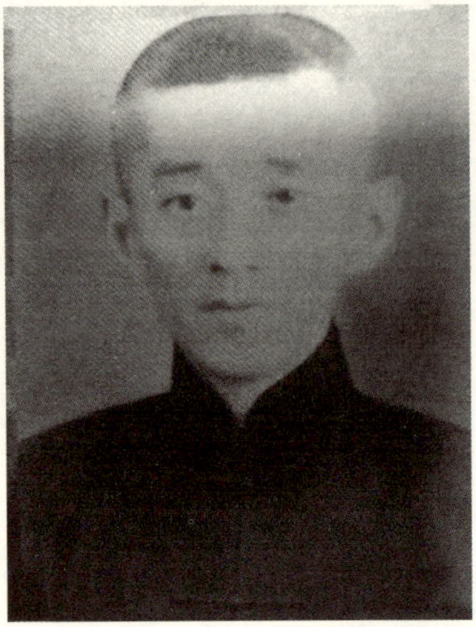

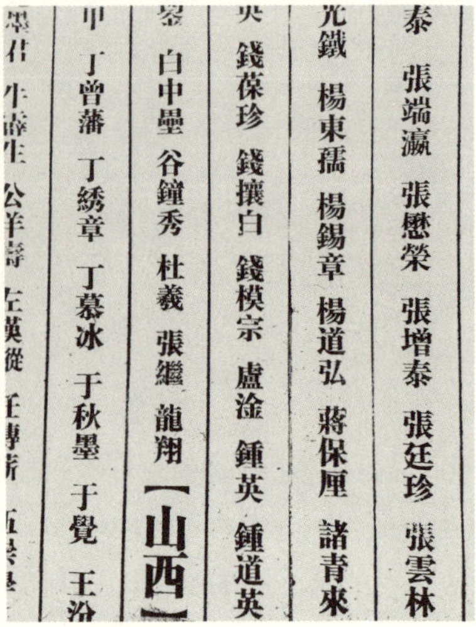
泰 張端瀛 張懋榮 張增泰 張廷珍 張雲林
光鐵 楊東蓀 楊錫章 楊道弘 蔣保厘 諸青來
英 錢葆珍 錢攘白 錢模宗 盧淦 鍾英 鍾道英
鋆 白中壘 谷鐘秀 杜義 張繼 龍翔 【山西】
甲 丁曾藩 丁綉章 丁慕冰 于秋墨 于覺 王沿
墨仕 牛蔭生 公羊壽 左莫從

钱攘白在南社纪念馆的照片和名录

钱攘白这个名字，刚一听到的时候，你可能会感到有些陌生。钱攘白，其实就是钱润瑗，“攘白”是他的字。钱攘白就是钱铭江的儿子，是钱毅老人的父亲。钱攘白是一个很有文化功底的人。钱氏家族刻书史中最出名的守山阁就是钱攘白一脉所有，钱攘白生前自称守山阁主人，守山阁也是他的斋号。守山阁曾经藏有很多藏书木刻版，只可惜在日寇金山卫入侵登陆时，这些刻书版连同老宅一起被毁掉了。

关于父亲在南社中的经历，钱毅老人回忆说：“我父亲在南社中并不担任职务。他当时是金山县议会议员，后来迁往上海后就不当了。父亲后期在上海从事实业，比如三友实业社。”

关于钱攘白和钱模宗本人的生平和他们在南社中更多的活动细节，现在可以查询到的信息很少。所幸的是，南社元老之一，金山名士姚光与钱攘白颇为亲近，在后人编纂的《姚光全集》中，无论是他写给钱攘白的诗，还是答复给钱攘白的文，从中都可以极大程度上从侧面勾勒出钱攘白其人的大致轮廓。

1913年，也就是民国二年，姚光作了一封《一九一三年（癸丑）复钱攘白书》。信的开头，姚光就颇为亲昵地打趣道："相思不见，我劳如何！"

从这封回信中，钱攘白在那个时候的心情、志趣、打算都能够清晰地解读出来。

姚光这样写道："久闻足下欲出洋游历，今悉已辞代议士之职而将见诸实行，盛甚，盛甚。邀我偕行，感何可言。"可见当时的钱攘白曾有留洋的想法，并且已经辞去了县议员的职务，着手开始进行准备，甚至还邀请姚光一同前往。

"读来书以鉴于时事之不可为，欲学老庄之逍遥自得，言之沉痛弟实与有同情焉！"信中的这一句解释了钱攘白为何会有弃官出游的想法，而姚光也对好友的这一想法表示了支持与理解。

在信中，下面的这一大段话语或许可以体现包括钱攘白、姚光在内的许多南社成员当时的情绪心态："方冀一旦革命功成则一切廓清，余亦可以入世。前岁武昌起义四海响应，不数月而汉土光复，将谓平生志愿至此得以大白。然而起视斯世，江山已易，风景不殊，依然邪淫遍地，横流滔滔，伤心人于此又不知涕出之何从矣。"好不容易推翻了清王朝，但世事仍然是如此龌龊，怎能不让人心灰意冷呢？这也进一步解释了钱攘白"辞官"的原因。

"尝独居自念，我辈负性本不何时，宜绝俗事，谢尘客，明窗净几，萧然一室，罗列图书，摩挲金石，春秋佳日，则约二三素心人，商量文史，纵览山水，兴之所至，狂歌痛饮，尽抒我胸中抑塞磊落之孤意，此区区之心亦所甚快也。然亦安可得哉！而堪与语此者，又能有几人哉！"信末的这一段情感抒发并不仅仅是姚光自己的，更是钱攘白的心声。显然，此时的钱攘白早已有了避世之意，而他本人也应该是一位秉承家族文风，饱读诗书的俊雅才子，“浴乎沂，风乎舞雩，咏而归”的生活才是他本性所向往的。

第二年，也就是1914年，姚光又为钱攘白所作之画题了一首诗。

题钱景蘧“深山练剑图”（甲寅）

（钱攘白名润瑗，又字景蘧）

三年不飞飞冲天，三年不鸣鸣惊人。
男儿得志当为天下雨，不则韬光养晦以待辰。
我友景蘧武肃裔，翩翩侠少世无伦。
平生志欲吞白种，扶摇万里奋鹏程。
（君一字“攘白”，有环游地球之志）
神州光明有一线，锋芒小试志愿伸。
转瞬横流又满地，急流勇退不染尘。
（光复后君被举为县议员，未几即辞职）
茫茫世事不可问，逍遥自得且闭门。
（君来书有云）
闭门不出何所事，炼将宝剑成精纯。
我亦行吟无聊赖，倚剑吹箫意频频。
与君同卧荒江上，相期共葆岁寒身。
直待他年炼成后，剑气冲汉光焰新。
妖魔小丑尽扫荡，剑乎岂遂终沉沦。
我题此图为息壤，握手中原证此盟。

在这首诗中，可以读懂钱攘白的地方就更多了。

钱攘白不仅是“武肃裔”，还是一位有侠义之风的翩翩君子。他平生志向远大，有着环游世界的鹏程之志。钱攘白曾立志推翻清王朝，现在辛亥革命成功了，他的志愿得到了实现。只叹这个国家依然是淫邪横流，钱攘白因此选择急流勇退，绝不沾染权力场上的污秽之气。从此，钱攘白似乎不再过问世事，闭门谢客，在家逍遥自得。试问如此归隐是为何，博览群书、卧薪尝胆、自我修炼或许是最好的解释，有朝一日，等得修炼功成，钱攘白也将会重出江湖，一展所长，扫尽污秽。

这，就是钱攘白。诗中的最后一句："我题此图为息壤，握手中原证此盟。"这不仅仅是姚光与钱攘白深刻友谊的体现，更从侧面印证了钱攘白在当时的南社中还是相当活跃的，和其他南社友人关系融洽。

除了写信题诗，南社中人经常喜欢为自己或友人的照片题诗。另一位南社创始人高旭就给钱攘白题过一首，在这首《题钱攘白造像，是日真大醉也》里，照片的镜像效果让高旭感叹浮生的虚幻：

对图一笑应点首，眼耳鼻舌复何有？
浮生原属镜中花，百年一觉人长寿。

人生短暂，更何况世事常与愿违。但即便如此，青春的激昂、志趣之相投，让南社的英雄儿女们，让金山钱氏的有志才俊们，共同在中国千年不遇的历史变革中，展现出了自己的风采！

三、人各有命

在那个动荡的时代里，即便是为避战乱，从钱圩外迁，但在各行各业、各省各市，钱氏家族的不少人也活出了名堂。

当然，在那段岁月里，钱氏家族中更多人的命运只能随着因缘际遇而沉浮着，他们和大多数的中国人一样，期盼着和平安宁能够快点到来。

2015年6月的一天，在金山区金山卫镇钱圩居委会，今年90岁的陈玉林老人遇到了一位故人，82岁的Nancy孃孃。说起两人的身世血缘，陈玉林的母亲和孃孃的父亲曾是堂兄妹。可以想象，或许在大半个世纪前，年幼的陈玉林和孃孃曾一起在清寿堂门前的石阶上玩耍。

在陈玉林的印象中，小时候的清寿堂，那真是气派非凡，大门前的街面上开着繁忙的茶馆、药店，街面对过依旧是层层叠叠的钱家地产，市河的东西两岸错落着当铺、米铺、豆腐店。但事到如今，过往的熙攘早已化为今朝的平凡。

这天，年迈的陈玉林和孃孃又重游了一遍故地，只可惜清寿堂原本气派的大门早已经不见踪迹，原址上的一个电器修理店萧条地开着，似乎是对历史无奈的揶揄。大门口的这条街也早已化为了江南小城镇里再普通不过的乡镇道路，五金店、烧烤店、火锅店、浴室，有些铁门紧锁，有些闲人懒卧，一切都是那么稀疏平常。只有钱圩市河那波光粼粼的青绿河水，潺潺水声中似乎讲述着那一往无回的过往。唯有建在清

从左至右：陈玉林，Nancy（孃孃），钱基敏，钱基伟

寿堂原址上的钱圩小学，可以算是继承了钱氏家族曾经的书香家风。

不过，相比于颇为模糊不清的童年记忆，有一段历史确实确凿无误的。

1947年，时年22岁的陈玉林脱下教书先生的长袍，离开钱圩家乡，独自奔赴上海，投奔了在上海江宁区户政科当主任的堂舅钱模威（也就是Nancy孃孃的父亲），成了户政科的一位干事，和钱荣培成了同事。年轻的陈玉林本想在灯红酒绿的大上海闯荡一番，但可惜天意弄人。1948年，一次“国大”选举计票过程中的意外事故让陈玉林慌不迭地“逃”回金山，仅仅一年的“公务员”生涯就此终结。

从此以后，重新做回教书先生的陈玉林就再也没离开过金山老家，生育了10个孩子的他在钱圩安然度日，倒也见证了清寿堂后来的命运变迁。

新中国成立之前，钱家看守家业的钱模曦当时担任钱圩小学教师，就居住在老宅清寿堂中。随着1949年解放，钱模曦从清寿堂正房里搬了出来，住到了一旁的佣人房里。1958年，清寿堂正式成了钱圩公社办公室。在随后的风云岁月中，清寿堂成了镇政府大楼、乡政府大楼，直到最后湮没在尘土之中。据陈玉林回忆，等到他在20世纪80年代退休的时候，清寿堂就已经被拆除了。

人各有命，物亦如此。在动荡的20世纪上半叶，钱家的子弟走上了各自不同的道路，钱家大宅的印迹也开始慢慢消退。但不可否认的是，他们经历的事，钱家在金山留下的情将永远不会被磨灭。

第五章
新的开始

（20世纪）

导语

“闭上眼睛，钱荣培的脑海中偶尔会浮现出仙乐斯、百乐门……旋转……旋转……一阵尖利的哨音，将他拉回现实。这里是千里之外的劳改场，而自己是劳改对象。

对于自己现在的处境，钱荣培并不觉得这是老天的不公，也并不觉得是一种痛苦的折磨。他带着无比乐观的精神迎接这场人生洗礼，他愿意把过往的浮华统统洗掉，他相信总有一天历史会为他证明。身为钱氏的后人，即便是远离家乡，但对于命运、对于未来，总能够带着一种乐观与执着……”

一、雏鸟离巢

回望着清寿堂的白墙黛瓦在视线中慢慢消失，年轻的钱模时踏上了前往杭州之江大学报到的旅程。钱模时是清寿堂主人钱润庠的儿子，兄弟姐妹六个人当中，他排行老三。能进入大学校园，对于这位钱氏后人来说既是生命中的崭新一页，也是同故乡的一次告别。即便后来还曾回来过，但生命中最浓墨重彩的篇章终究不会像那十几代的先辈那样在金山钱圩的绽放。在这个风云变化、动荡革新的20世纪里，像钱模时这样的钱氏晚辈们在时代大潮中不可避免地要走出钱圩，走向更广阔的天地，为自己寻找人生价值，也在不经意间为自己的家族延续着与之前几个世纪迥然不同的色彩。正是钱氏后人们的拼搏和努力，让金山钱氏在战乱时代濒于破碎的荣光在经历百年沉浮之后重现辉煌。

在前往大学的路上，钱模时会想起一个人，这个人就是他的太爷爷钱培廉。想起自己太爷爷的故事，钱模时或许会发出会心一笑，但他更期盼的是能够继承太爷爷身上那种豁达不羁的气质，一辈子过得随心自在，但又能在这世界上活出风采!

当钱模时怀揣着一颗渴望洒脱的心来到大学校园，之江大学里的生活无疑让他感到自在而畅快，聪慧的钱模时在刻苦学习之余还热衷音乐，他和一位同窗好友一个吹黑管，一个吹小号，相得益彰的悠扬旋律在校园里回响。

这位同窗好友后来成了钱模时的妹夫，钱模时自己在毕业后也找到了属于自己的爱情，年轻的杭州姑娘袁爱莲成了他的妻子。说起这位袁姑娘，身世也不简单。她是一名老师，更是杭州大世界老板的独生女儿，绝对算得上是一位大家闺秀!

结了婚，钱模时选择在杭州安家立业。说起杭州，这座城市自始至终和钱氏家族有着不解之缘。且不说钱家的鼻祖“海龙王”钱镠就是杭州人，定都于此建立起吴越王国；就连后来钱氏刻书的高峰期，钱家的青年才俊们还多次出游至西湖孤山南麓的文澜阁查阅《四库全书》，最终实现刻书伟业。可以说，杭州作为吴越钱氏发源地，一直在冥冥中护佑着他的子孙后代。

从杭州之江大学毕业后，钱模时投身美孚洋行，从事金融方面的工作，收入颇丰。此时的钱模时，可谓是家庭事业双丰收。不久后，他们的儿子钱荣培诞生了。作为金山钱氏清寿堂的第四代传人，钱荣培并没有像先辈那样出生在钱圩，对于幼

钱模时（1942年）

小的他来讲，这个世界从出生开始就显得很宽广也颇为富足。据钱荣培晚年回忆，小时候的家境不错，自己拥有许许多多各种各样的玩具，玩具甚至多到只能往家里的井里扔。

二、风云巨变

出生在杭州，五岁来到上海，作为出生在家乡之外的第一代金山钱氏后人，钱荣培的命运从初生起就已经非常与众不同了。钱荣培13岁时，母亲就在上海去世了，在他年幼的印象中，更多是父亲威严的身影，是青岛的话剧舞台，是金山家乡的故土气息，是一生相牵的上海城市生活。

在教会小学读完六年小学后，1936年，由于父亲被美孚派到青岛常驻，时年13岁的钱荣培也跟着父亲来到青岛，并在青岛完成了中学学业。1940年，钱荣培进入北平邮电学院学习无线电技术。毕业以后，钱荣培进入青岛电报局工作。

正值年少力强的年纪，钱荣培也展现出了与生俱来的运动天赋。他不仅在青岛参加马拉松比赛，拿到过第一名，还是各类球类运动中的佼佼者。甚至在朋友中还流传着这样一个故事：据说他曾在青岛海边游泳，正好遇到了一头鲨鱼，钱荣培拿出随身携带的小刀与之搏斗，最终全身而退。

除了运动能力突出，青岛时期的钱荣培对话剧也很感兴趣。剧院是钱荣培闲暇时分常去的地方，他与话剧团的演员们打成一片，并且还和其中的一位年轻女演员暗生情愫。只可惜，少年男女之间的爱慕终究抵不过现实的掣肘，18岁那年，钱荣培乘坐轮船回金山老家，准备考试读大学，这段感情也就不了了之。

钱荣培（约16岁）

虽然钱荣培通过了考试，拿到了大学录取通知书，但他终究未能如愿进入校园读书。由于继母觉得学费太贵，信奉西方观念的父亲也认为家中男儿18岁就应该脱离家庭自立门户，所以钱荣培的大学梦只能作罢。他找到了一份工作，并在金山遇见了他的第一任妻子——一位金山地主大小姐。

这段时期的钱荣培无疑是幸运的，虽然当时金山早已被日本侵略者占领，但他在金山倒也没受到日本人太大的刁难，身边时时相伴的妻子也在随后的岁月里陆续为他生下了四个孩子。

抗战胜利后，1948年，钱荣培在叔叔钱模威的照顾下，得以进入上海江宁区政府工作。

如今，回顾起这段民国公务员生涯，用纸醉金迷来形容似乎并不过分。每天上午在办公室忙完手头公务后，看看报纸，搓搓麻将是最好不过的消遣；下午和晚上的时光就更加自由惬意了，下午去仙乐斯、百乐门，在弹簧地板上优雅地跳一支舞，晚上在霓虹闪烁中，去平安电影院看个电影，或到美琪大戏院看个戏。更何况，此时钱家手上还拥有着美琪大戏院的股份。

不过，这样的日子终于还是被一声炮响击碎了。1949年5月，上海解放了！作为国民党政府的工作人员，钱荣培在上海的马路上亲眼见证了解放军的风采。人民解放军军纪严明，夜宿街头，对民众秋毫无犯的画面深深地刺激着钱荣培的心灵。随着日后的全国解放，新中国成立，钱荣培不禁自问："过去那种闲适奢侈的生活是不是有罪？"他决心在新中国做一个"新人"，并把满腔的热情重新投入到了政府工作中！

在新中国成立初的5年时间里，钱荣培一直都留在原岗位上进行工作。可是，当时间来到1954年，国内阶级斗争的浪潮再度掀起。钱荣培，作为前国民政府的雇员，他的厄运来得更早一些。钱荣培被认定为"反革命"，"罪名"就是"加入国民党成为区分部书记"。但事实上，他根本就没有加入过国民党。

三、劳改岁月

1954年11月24日，钱荣培等人在区政府被逮捕，12月5日，由公安局直接押送到提篮桥。

从这一刻开始，钱荣培经历了一段人生中最为痛苦而漫长的黑暗岁月。家庭变故是他遭遇的第一个重大打击，妻子与他离婚，并在不久后改嫁到了宁波。1955年5月27日晚上9点半，钱荣培离开提篮桥，两天后，他到达福建省光泽县太平桥工地，开始了长达数年的劳改生涯。这段时间里，他的足迹遍布福建、内蒙古、湖南等地，从他留下的一些亲笔手记中，我们能清楚地看清他的路线：

1956年1月17日，离开太平桥工地。

1月21日，到达福建华安县西坡乡工地。

9月7日，离开西坡乡工地。

9月14日，到闽清县南福乡埔后工地。

10月4日，到牛头塘工地。

1957年2月6日，回埔后工地后编为十七中队。

3月23日到古田三都口双坑工地。

5月16日从双坑出发，

5月27日到达内蒙矸口县膝盖上工地。

8月3日到王元地。

8月5日到桌子上工地。

9月5日，回王元地海勃湾工地。

12月21日到三道坎编为五中队。

1958年7月1日，到湖南娄底县涟源乡改十中队。

9月6日，到湖南湘乡县棋样乡改八中队。

修公路、开隧道，恶劣的环境下，工地上事故频发，夺走了许多劳改犯的生命。一同出发劳改的二十几个人中，生命一条条凋零，最后只有几个人活着回到上海。钱荣培自己也差点殒命外地。1957年到1962年，这段时间正是中国疟疾横行期，钱荣培也不幸染病，幸好他的妹妹在上海当护士，千里迢迢为他弄来了救命药，才保住了一条性命。

贫病交加之中，孤独的钱荣培也会想家，甚至连做梦都会梦到亲人。他曾经写下过这样一篇日记：

日记 1958 年 6 月 14 日

奇怪的很，好久没有做梦了，昨晚突然做了两个使人感到奇异的梦，第一个梦，好似我回到了家乡，时间在半夜，人都睡了，但他们好似知道我回去似的，都还没有睡着，个个伸出手来欢迎我。走到祖父跟前，他好像很年轻，旁边睡着碗哥，我刚想说话，但据说里屋里有大婶在难产动手术，我好像也懂医似的跑了过去……就这样惊醒了。接着第二个梦是我拿着饭菜去送给我长久没有看见病瘫着的亲生母，她睡着，桌上还放着好似妹妹上一顿送去未吃完的饭菜，当我去床前喧候的时间，母亲就坐了起来，好似对我说：我虽然病着，但也做了很细巧的活，从身上拿出许许多多一串一串的很细小发光的珠子，是她用线一颗一颗穿起来的……就这样结束了两个梦。从唯心来说，这几个梦是吉还是凶呢？真是难以测试。别胡思乱想吧！从这次拉肚起有休息了两天半了，从昨天下午开始灌肠用大蒜汁末灌，不知有否效用。今天早上从伙房得到消息说，有四百人来支援我们。真是难得，心中感到快些结束早日离开此地吧！上午又灌了一次肠，情况比昨天要好受得多了。

背井离乡，朝不保夕，可能只有工友间的相互鼓励与扶持能给钱荣培一些安慰与信心，特别是那些来自家乡上海的伙伴们。

时至今日，我们依旧能从一本陪伴他劳改生涯的笔记本上窥探出本人那时的心理状态。这本笔记本本来是作为一件奖品赠送给钱荣培的。在笔记本扉页上，这样写着：

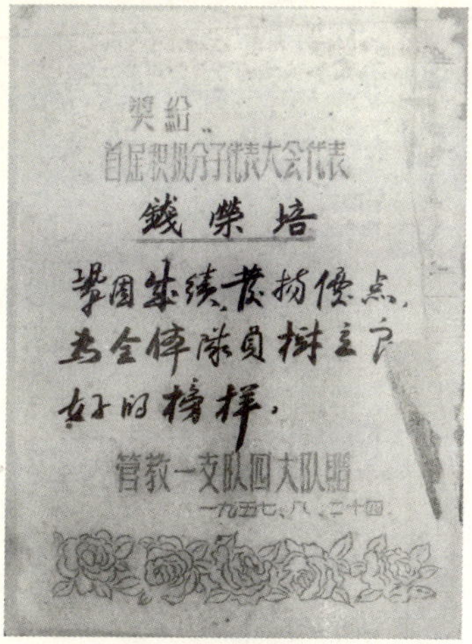

“奖给：首届积极分子代表大会代表钱荣培
巩固成绩，发扬优点，为全体队员树立良好的榜样。
管教一支队四大队赠。
一九五七年.八.二十四”

历经半个多世纪的磨损老化，这本绿色封皮的笔记本几近散架，然而，里面一页页同乡工友们写给钱荣培的寄语却依然字迹清晰，字里行间洋溢着无比热忱的工友之情。无论是在福建、湖南还是内蒙古，都有人在本子上留言，并会在结尾附上自己在上海的住址。

“没有经过考验的人，好像没有敲过的核桃一样。用蜜糖引诱的不是朋友，用忠言直告的才是朋友。赠给钱荣培友留念朱子龙写于内蒙矸口上海局门路241弄62号 1957.10.1”

“在人的一生中，有着数不清的会见，有的随着日子的过去而淡忘了，有的却会在你生命中引起振动，成为你工作中的巨大动力，您，应珍惜这可贵的友谊。沈安康写于内蒙古1957.10.5”

“滚滚黄河东流水，浪沙淘尽岁月。悲欢离合事，皆在思想中。书与荣培兄留念弟陆振家写于黄河海勃湾。1957.10.5”

“埔后村前初逢君，秋去冬来又一春。今朝与兄握别后，未知何处再重会。荣培兄留念弟家斌写于内蒙古包兰线上 1957.11.24”

“社会在飞跃地进步，我们必须挺起直追，希望你努力努力再努力，愿早日在沪重相见。荣培兄共勉弟安宝临别于湖南 1958.7.15”

“愿早日在沪重相见！”这样热切的期盼，恐怕是包括钱荣培在内所有上海劳改者们共同的心声了。

四、苦尽甘来

尽管钱荣培远在千里之外，但在上海，命运却让另一个人的人生轨迹慢慢地向钱荣培靠拢着，并最终融为一体。她叫徐红妹，祖上是江阴人，她的父亲曾是上海一家中医馆的总经理，店面就在如今的西藏路大世界附近。起初，家里的条件颇为富足，但后来因为一场经济纠纷遭遇牵连，只得将家中财产和土地全部变卖，家境也就因此衰落。父亲续弦之后，继母也对她不好，常常变着法子找茬，连吃饭吃得多也成了一大罪状。倔强的徐红妹从此就没再吃肉，小小年纪就成了素食主义者。

陡然加重的家庭负担和嫌隙丛生的家庭生活让徐红妹下定决心：此生不嫁人，自力更生，努力赚钱养活一家人。

在很小的时候，因父母同乡（江阴人）在上海开棉纺厂，徐红妹就跟随母亲进了纺织厂当女工，虽然工作辛苦，但是收入倒也不错，加上徐红妹天生善于理财，在工作之余还做一些期货生意，几年下来，倒也积累下一笔不小的积蓄，不仅足够养活自己，还承担了家里的经济开支，甚至负担了父亲开中医馆的投资。

岁月流逝，徐红妹年纪已然不小，别人曾帮她介绍过几个对象，也都无果而终，加上她自己曾立下终身不嫁的誓言，青春似乎就要这样流逝过去。然而，冥冥之中自有天意。1959年11月，钱荣培“刑满释放”，在历经了千难万险之后，他回到了上海，进入静安区江宁路街道生产管理组锯铁组当工人。巧合的是，徐红妹领导家的一位亲戚当时也和父亲一起劳改，便把钱荣培介绍给了她。按理说，徐红妹当时是车间的工段长，有相当的存款，工资也很高，经济上很富足，身边还不乏条件优越的追求者，如果找一个戴着“帽子”的对象结婚本身是会极大影响自己发展前途的。但让人没想到的是，两个人刚一见面就一见钟情，同样命运多舛的身世，同样并不十分顺心的家庭生活让这对年近中年的单身男女惺惺相惜。

1961年，钱荣培和徐红妹结婚了。

2015年，在推土机向前推进的隆隆声中，一堵房墙轰然倒塌，康定路上掀起了一股尘浪。静安区的这一整片老房子开始拆迁了，今后它们将不复存在。但我们不会忘记，半个多世纪前，这里曾为一个新组建的家庭带来过温馨和快乐。钱荣培和徐红妹结婚后，一家人一直居住在静安区西康路的亭子间里，他们的小女儿也出生在这里。在她的印象中，西康路那个不太大的家和纵横交错的弄堂记载了童年的一切。

钱荣培和徐红妹结婚照（1961年）

尽管已经从劳改地回到上海，重新组成了家庭，但当“文革”的骇然巨浪席卷而来的时候，钱荣培因为自己的“出身”问题，自然也不能全身而退。在小女儿的印象中，“文革”中的父亲不仅要被逼着清扫疏通弄堂里的阴沟，还要陪着那位曾经把他赶出区政府的领导一起挨批斗。

那本曾经写满日记和工友寄语的绿皮笔记本，在“文革”岁月里，又成了钱荣培进行“自我批斗”的工具。上面渐渐写满了“最高指示”“思想情况汇报”“日记”之类的内容。这些内容大多字迹潦草，像是在仓促之下匆匆写就的。

康定路580弄（摄于2015年）

日记1968年4月18日

无产阶级文化大革命是触及每个人的灵魂，这句话的意义是何等深刻。4月13日到里弄报到开始，对我来讲，又起了一次家庭的变化。毛主席说，外因是变化的条件，内因是根据的教导又是何等有正确的实验意义，在社会主义社会中，夫妻感情是必须有政治的基础，否则的话那就是空的。

显而易见，这一次“文革”的洗礼再次给钱荣培的家庭带来了危机，不过好在徐红妹并没有离他而去，而是最终陪他渡过了难关。

除了一篇篇的日记，“思想情况汇报”是笔记本中出现得最多的内容：

最高指示：专政是群众的专政

在全国人民欢庆我们伟大中华人民共和国建国十九周年的节日里，我是能够做到革命群众所提出在节日里的规定和个人所订立的制度……自从我在群众专政小组报到接受群众监督改造以来，已经五个多月了，我认为虽然时间不长，但是对个人的教育意义要比过去任何运动全面而深刻。这次运动对个人方面不但是全面监督一下改造好坏，也是打扫一下个人存在的一些不正确的思想（和）观点问题，（给）今后如何去争取做到一个真正自食其力的公民打下一个良好的基础。我认为只有在这次强大群众的威力下才能将我个人在运动初期在思想上这一下失了面子，家庭的人也受到了影响，今后如何做人呢？还不如在劳改（留团）好。这些思想的表现经过教育后才认识到，我要的这种面子是要的过去参加过反动职务对人民干过坏事的面子，今天只有在广大

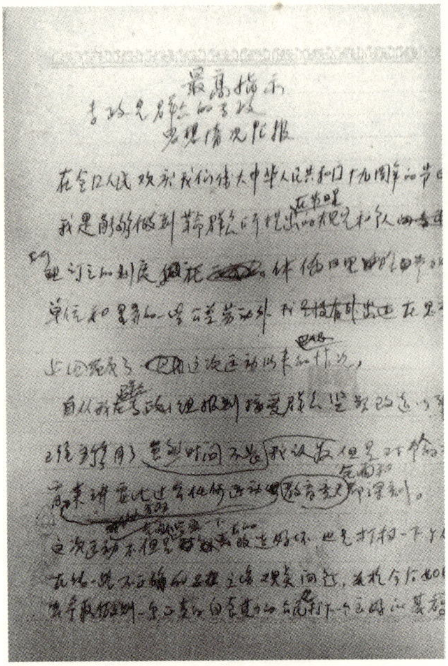

钱荣培手稿（1957年）

革命群众前丢掉这种面子，在真正接受群众监督改造取得了群众的谅解，争取重新做一个真正能自食其力的公民。

索性，钱荣培这位“四类分子”在经历了人生一次次的大风大雨之后，即便挨批挨罚，写写检查，心态倒已经是颇为淡然了。他的小女儿至今还记得，每天晚上，昏黄路灯的摇曳之下，父亲会带着她走进附近的小酒馆，喝点小酒是他纾解心情的最好方式。一两杯老酒下肚后，钱荣培还会和女儿讲讲以前的故事，讲讲金山钱

钱荣培60岁时（1984年）

家老祖宗的故事，多少个夜晚的时光就在这样的讲述中匆匆过去。

1984年，年届60的钱荣培终于迎来了彻底平反的一天。他重新回到了区政府里，回到了工商局，被任命为青海路市场的场长，这一管又是好多年。当时的青海路市场里卖着最时兴的牛仔裤，不少商贩店主靠着卖牛仔裤发了家。有的人为了讨好场方，带着高档货色和礼品赠送钱荣培，不过都被这位场长一一回绝了。钱荣培说："你们要送，就等我退休吧！"想不到，到了钱荣培退休的时候，还真有两三个小老板念及旧情，上门来给这位刚正清廉的老场长送礼物的。

时光荏苒，20世纪的风云变幻仿佛就在金山钱氏两三代人的曲折人生中缓缓滑过。回想金山钱氏家族这一千年以来的每一代人，祖先钱镠、钱象祖们是中国历史上的风云人物；钱熙祚、钱熙泰也将在金山当地流芳百世；钱模时、钱荣培们虽然跟着风云变化的时代大潮起起伏伏，远离故乡，历经沧桑，但是，代代相传的家族风骨却在他们身上继承了下来，并且还会继续传承给往后每一代的钱氏后人，在如今这样一个崭新的时代演绎新的篇章！

金山钱氏族谱（肇发彭城）

钱培均（清）

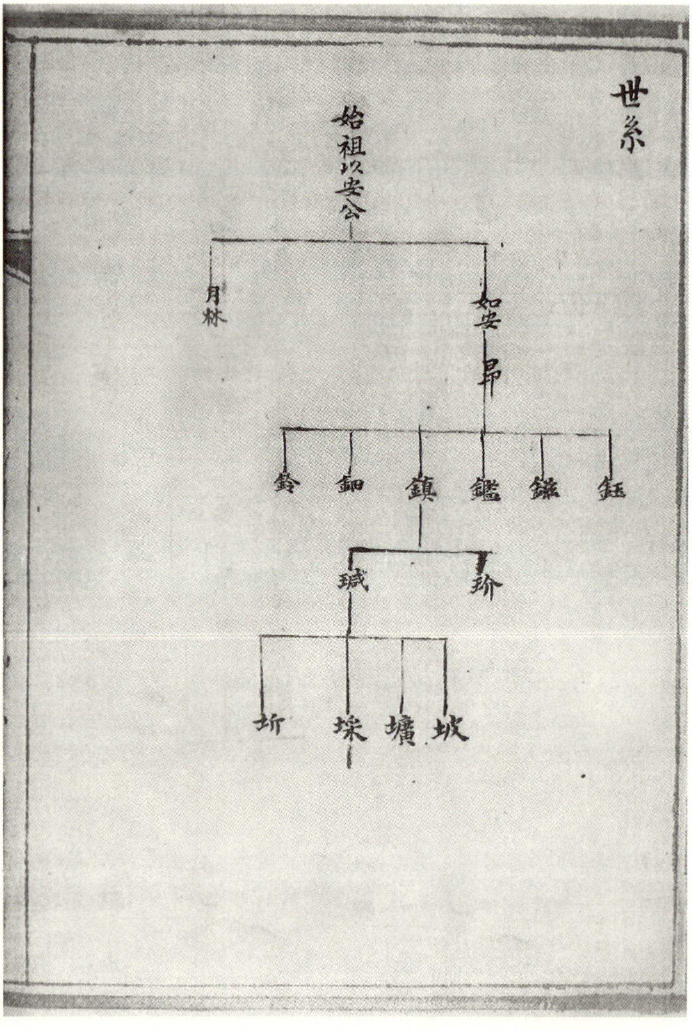

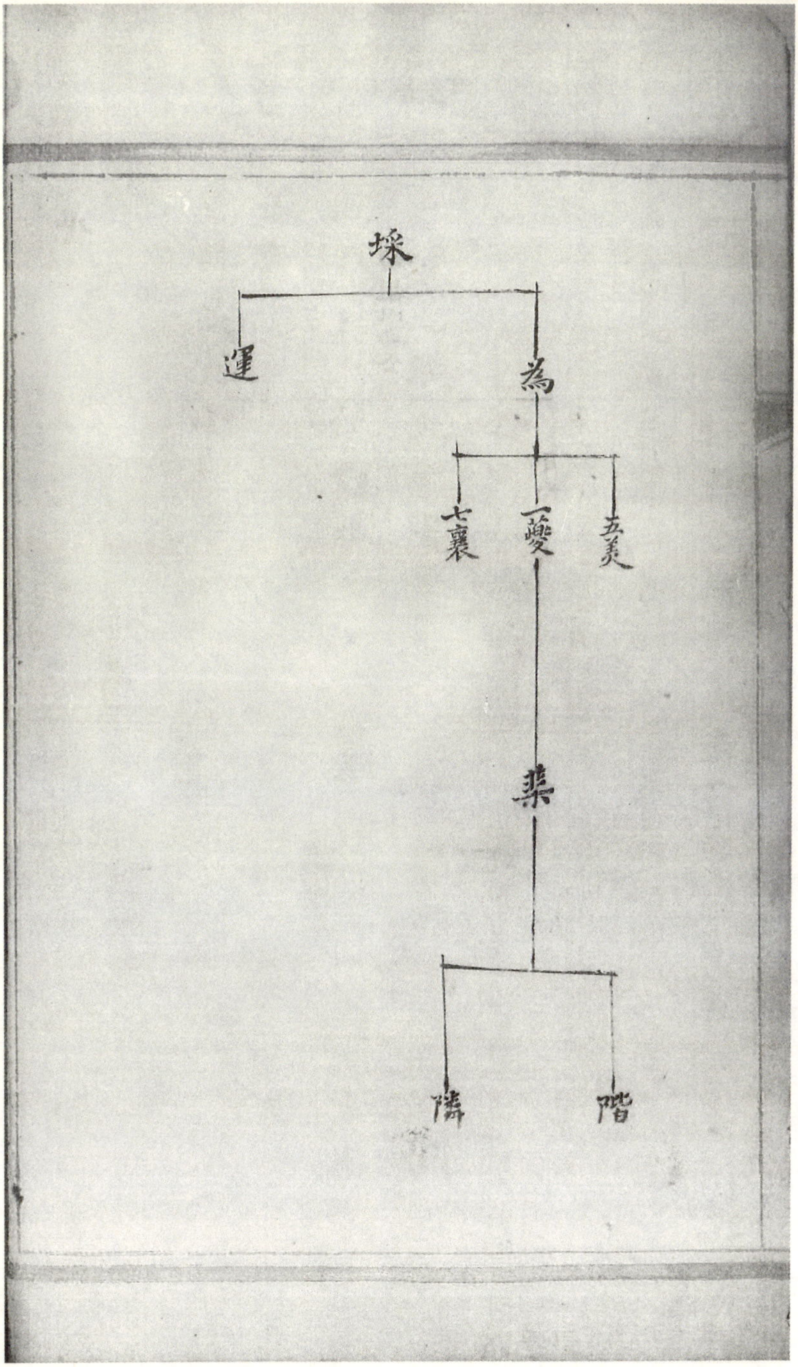
埰
運
爲
七襄
一夔
五美
棊
隯
階

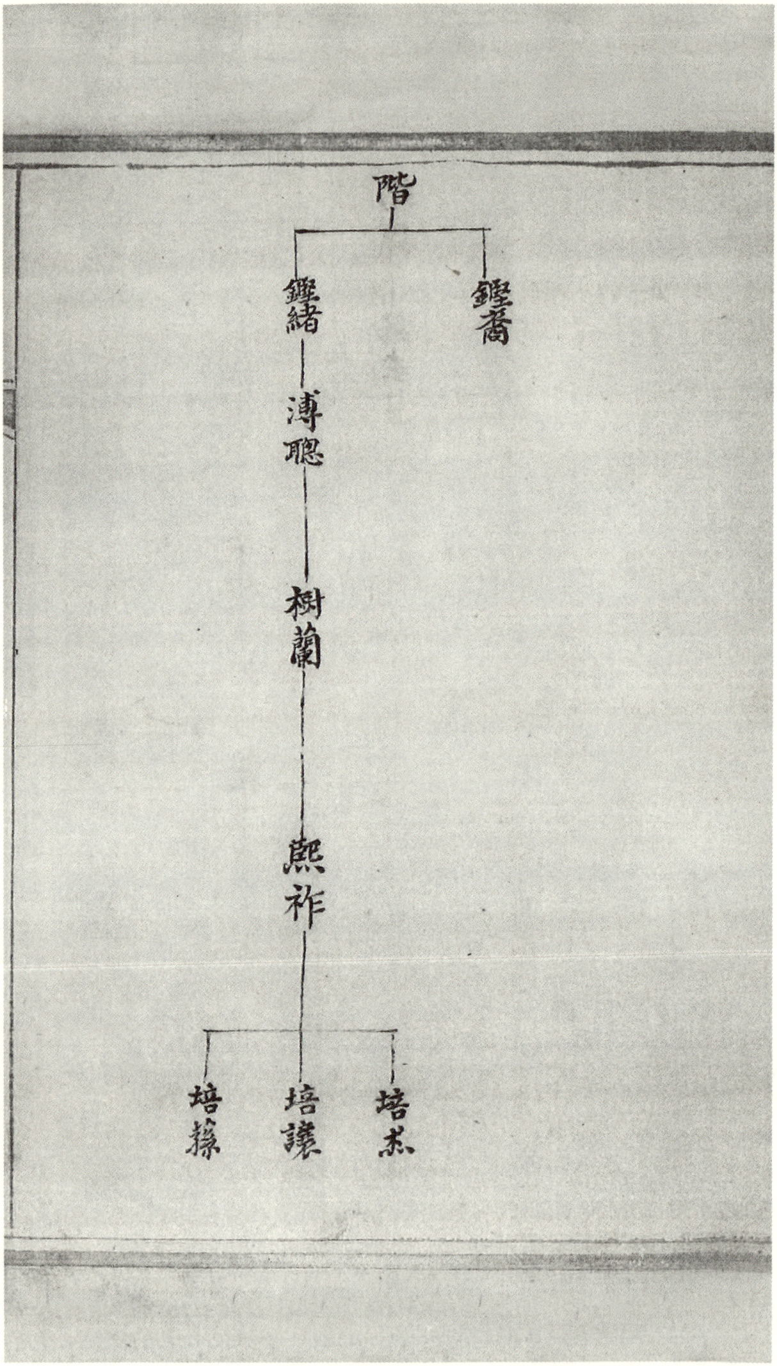
階
鏗喬
鏗緒
溥聰
樹蘭
熙祚
培杰
培讓
培蓀

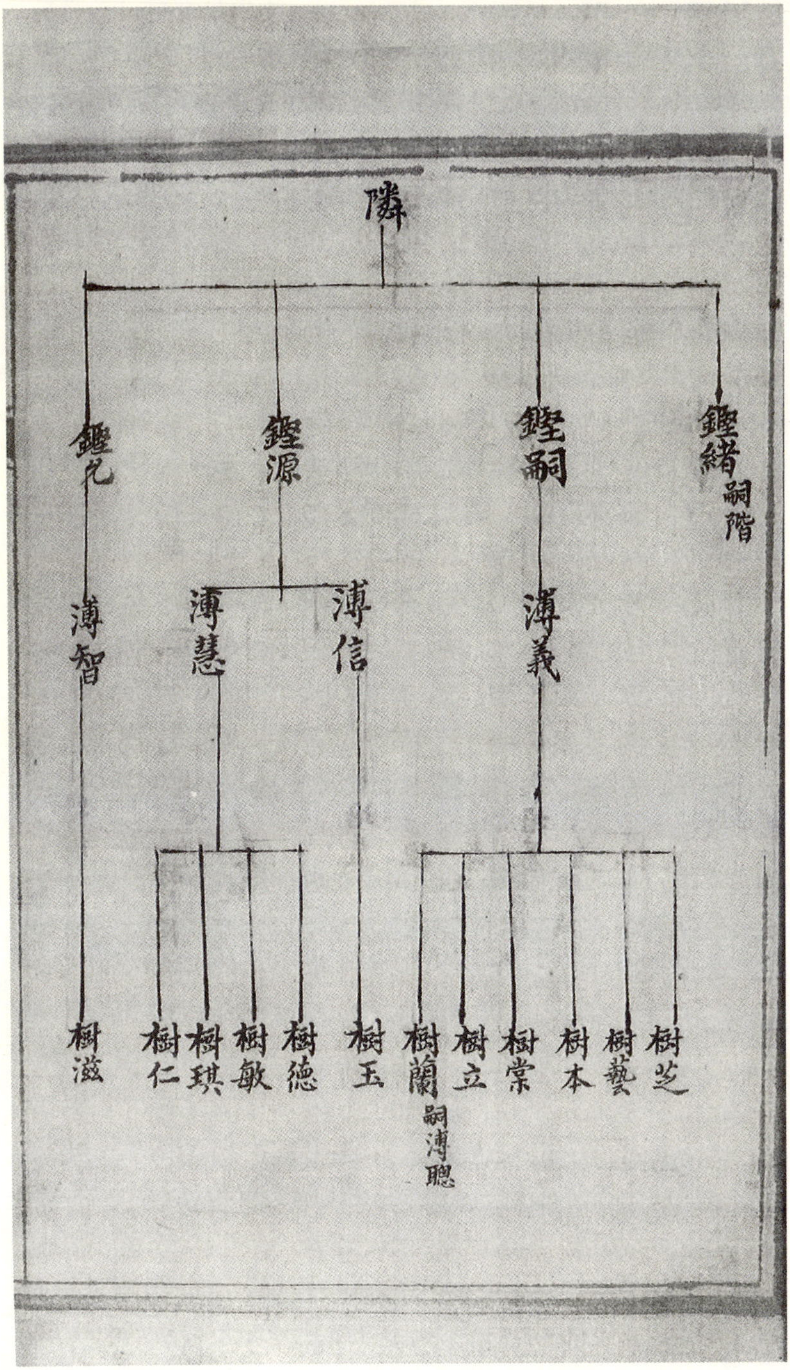
隣
鋞允
鋞源
鋞嗣
鋞緒
嗣階
溥智
溥慧
溥信
溥義
樹滋
樹仁
樹琪
樹敏
樹德
樹玉
樹蘭
嗣溥聰
樹立
樹棠
樹本
樹藝
樹芝

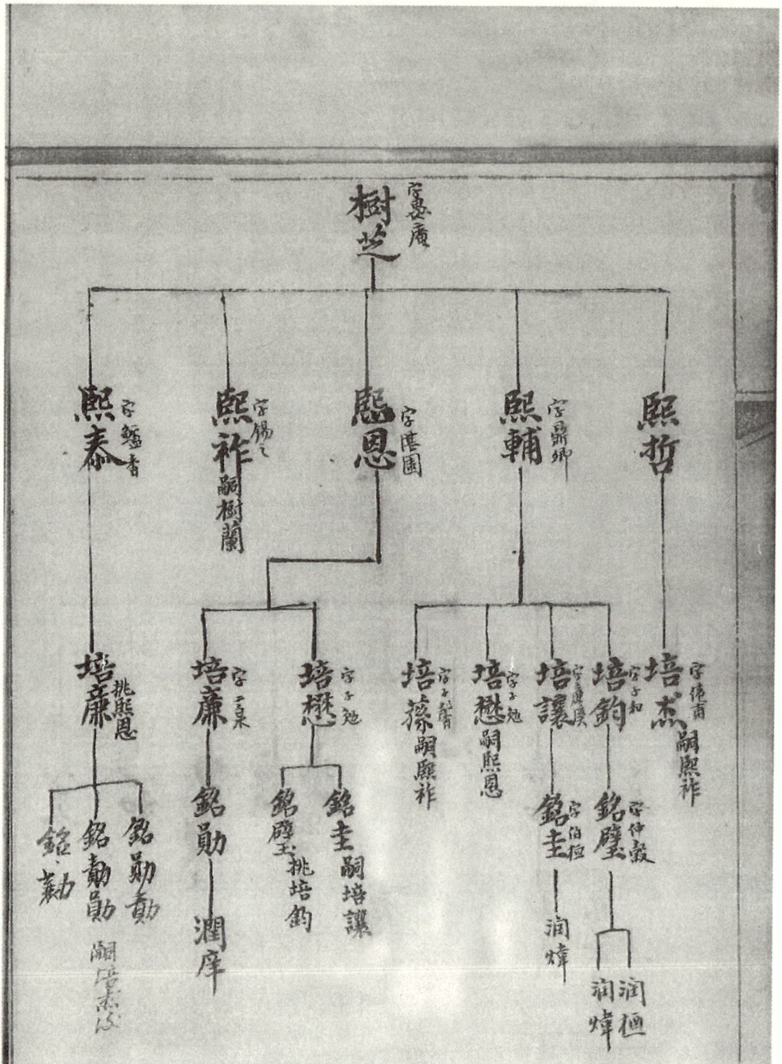
樹芝
熙泰
熙祚
熙恩
熙輔
熙哲
培廉
培懋
培蓀
培讓
培鈞
培杰

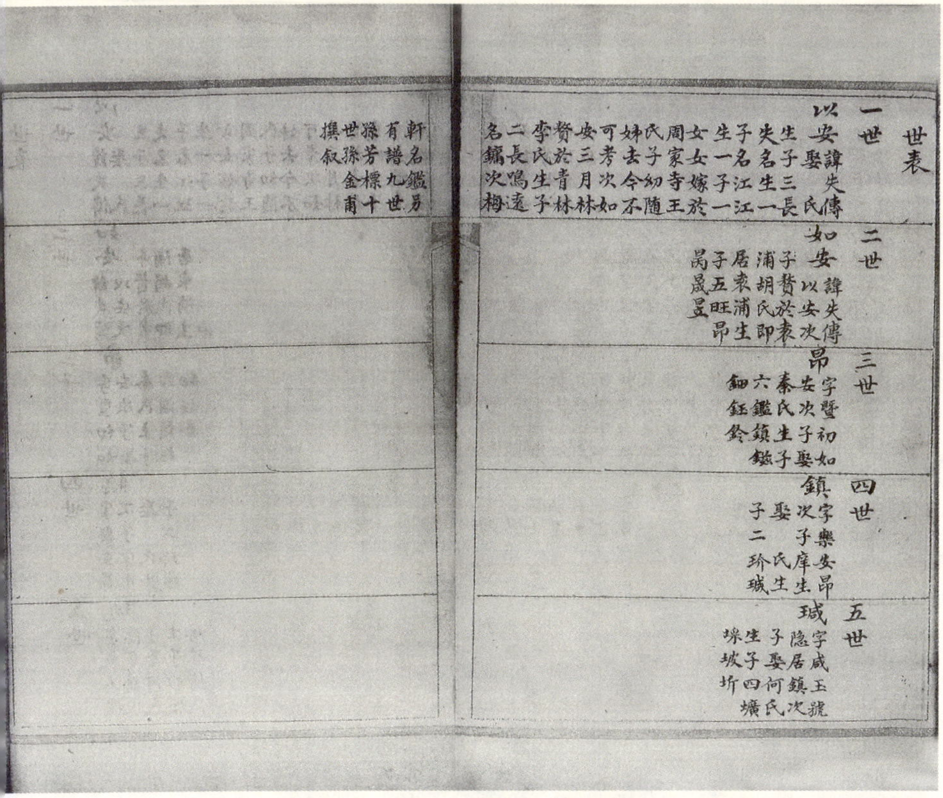

世表

一世 以安 諱失傳 娶氏 生子三 長失名 生一子名江 江生一子一女 女嫁於周家寺王氏子 幼隨姊去 令不可考 次如安 三月林 贊於青林李氏 生子二 長鳴遠 名鏞 次梅

二世 如安 諱失傳 以安次子 贊於袁浦胡氏 即居袁浦 生子五 旺昂曷晟昱

三世 昂 字暨初 如安次子 娶秦氏 生子六 鑑鎮鐩鈿鈺鈴

四世 鎮 字樂安 昂次子 庠生 娶氏 生子二 玠珹

五世 珹 字咸玉 號隱居 鎮次子 娶何氏 生子四 壙垛坡圻

軒名鑑另有譜 九世孫芳標 十世孫金甫撰叙

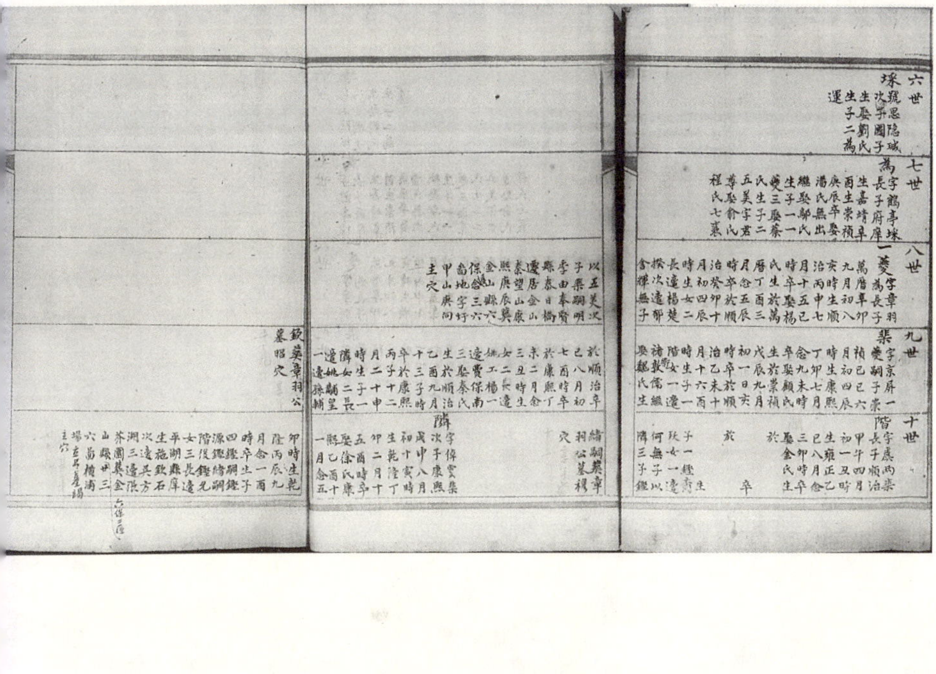

六世 垛 號思隱 珹次子 國子生 娶劉氏 生子二 爲運

七世 爲 字鶴亭 垛長子 府庠生 嘉靖辛酉生 崇禎庚辰卒 娶潘氏 無出 繼娶鄒氏 生子一 一夔 三娶秦氏 生子二 五美 字君尊 娶俞氏 程氏 七墓

八世 一夔 字章羽 爲長子 萬曆辛卯九月初八亥時生 順治丙申七月十五巳時卒 娶楊氏 生於萬曆丁酉三月念五辰時 卒於順治癸卯十月初四辰時 生女二 長適楊楚揆 次適鄒含輝 無子

九世 棨

十世 階

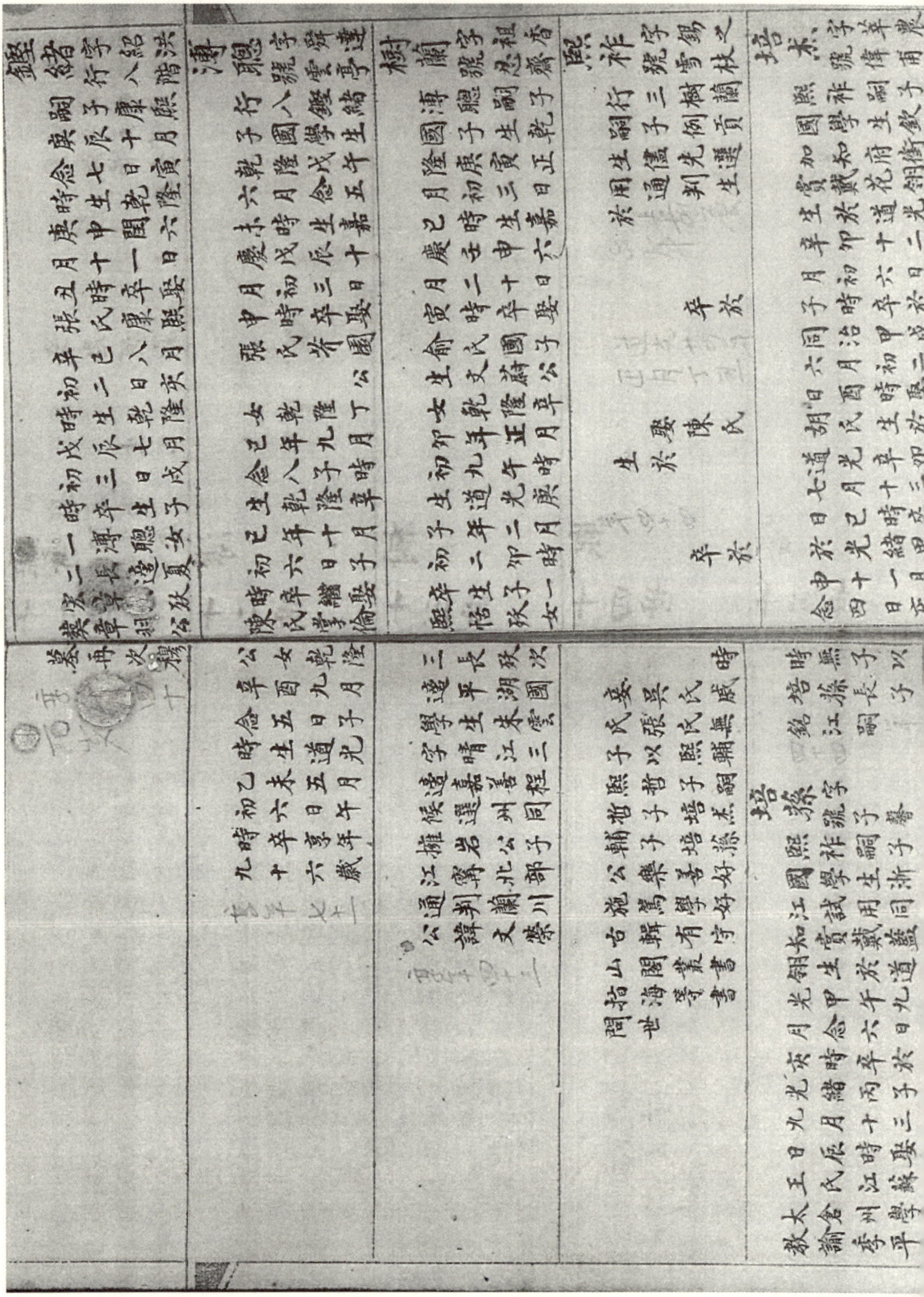

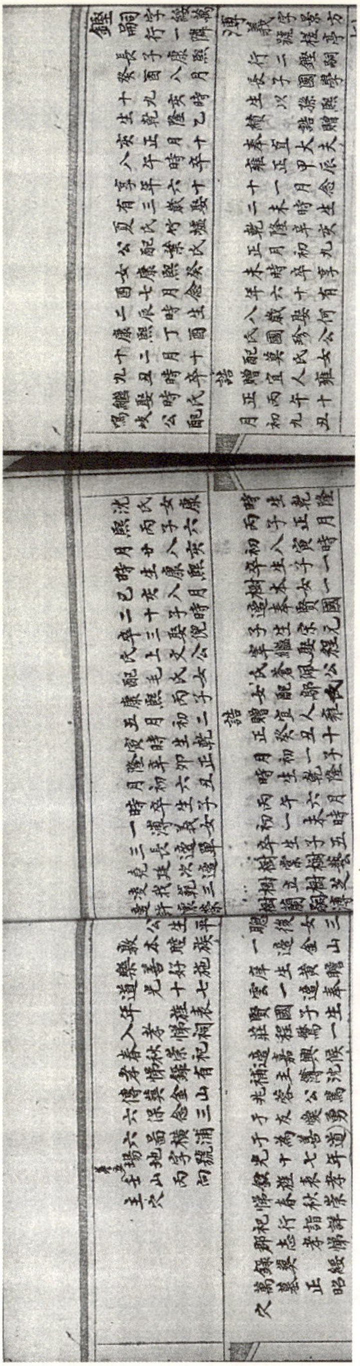

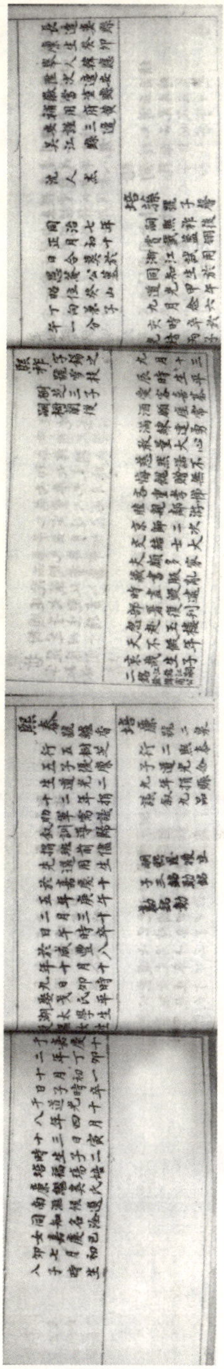

清代文学世家关于钱氏家族的述考

徐侠

钱金甫世家

附钱芳标、钱巢鹤

钱金甫（崇祯十一年—康熙三十一年），榜姓金名甫，字越江，后复钱姓，华亭县高桥人。金甫少负才藻，精制义外，兼工诗古文词，为吴骐、王光承两高士所称道。康熙十七年举博学鸿儒，金甫名在荐牍，仍应北闱乡试，中举人。康熙十八年春，以博学宏词应御试，复应礼部试，榜先发中式，登进士，选为庶吉士，寻亦中宏博，授翰林院编修。是时两榜并登，惟沈筠与金甫两人。康熙二十三年，典江西乡试，称得人。累迁侍讲学士，卒于任。金甫未第时，从兄钱承吉以役重远逃，有司责金甫代役，闲辱备至，无怼言。伯父钱旭客死，抚教其遗孤，为之授室立业。官京师时，其师有卒于官者，金甫尽以俸钱治其丧。适邻家失火，延及师舍，急命力舁棺出，己亦助之，火燎其须不顾也。友人谪遣塞外，三日当出关，亟称贷，金甫得银，驰疾驰两昼夜追及赠之。有友暴卒都亭外，犯暑急行，抵芦沟，视其敛。有陷于狱当辟者，屡率私钱力营得脱。康熙三十一年夏，以疾卒于京师。著有《保素堂诗文集》，秀水朱彝尊序之。（朱彝尊《曝书亭集》卷三十七序四、杭世骏《已未词科录》卷三、乾隆《江南通志》卷一百六十六、乾隆《奉贤县志》卷六文苑、嘉庆《松江府志》卷五十七古今人传九、吴修《昭代名人尺牍小传》卷十、光绪《重修奉贤县志》卷十人物志一行谊、朱汝珍《词林辑略》卷二）

钱芳标，钱金甫族叔，字葆芬，一作葆馚，一字宝汾，初名鼎瑞，侍郎钱士贵子，华亭人，居高桥里。生有异征，自少博文宏览，天才隽丽，年十五补诸生，与同里董俞齐名，人称为钱董。又族人钱金甫，与芳标相埒，人又称二钱云。康熙五年中顺天乡榜举人，授中书舍人。其应制之作高华典丽，为大学士杜立德、李霨所重，大学士魏裔介、左都御史龚鼎孳尤忘年下交，声振都下，与王士祯、朱彝尊辈唱和无虚日，才调矞皇，而中有清气。康熙十四年，告终养归。会举博学宏词，巡抚以芳标名上，丁内艰不赴，以哀毁内伤遂卒。著有《东溟草》《金门稿》《词䥶》。沈德潜论曰："云间诗派，陈黄门后以古淡整饬为宗。舍人绮丽而不佻，骀宕而有则，诗格又为一变矣。"（王晫《今世说》卷三、王士祯《渔阳山人感旧集》卷四、朱彝尊《曝书亭集》卷三十七序四、乾隆《江南通志》卷一百六十六、沈德潜《国朝诗别裁集》卷九、乾隆《奉贤县志》卷六文苑、乾隆《娄县志》卷二十五人物传六、姜兆翀《漱芳斋诗话》、姜兆翀《松江诗钞》卷十四钱芳标小传、嘉庆《松江府志》卷五十七古今人传九、光绪《重修奉贤县志》卷十一人物志二文苑）

钱巢鹤，钱金甫族孙、钱鞧阅孙、钱芳标曾孙，字友云，号栎堂，华亭人，居府城采花泾。布衣，以卖笔自给。工诗，著有《蟹舍草》，族兄钱庭桂叙而梓之。（姜兆翀《松江诗钞》卷三十四钱巢鹤小传）

钱氏著作

钱金甫著作

方志载录：

《葆素堂诗文集》（乾隆《奉贤县志》卷十书目、嘉庆《松江府志》卷七十二艺文志、光绪《奉贤县志》卷十七艺文志）按：乾隆《奉贤县志》卷十书目作"《葆素堂集》"，嘉庆《松江府志》卷五十八钱长涵传作"《宝素堂全集》"。

现存集部著作：

《保素堂稿》十卷，雍正四年刻本（粤图）、嘉庆六年大中堂重刻本（上图、中科院、南图、皖图、台湾史语）。按：朱彝尊序，称"其为诗，缠绵悱恻，不失温柔敦厚之遗。其为文条达，无规仿凌驾之迹。"柯愈春《清人诗文集总目提要》云雍正九年刻本，广东中山图书馆藏。

钱芳标著作

文献载录：

《东溟草》（姜兆翀《松江诗钞》卷十四钱芳标小传、嘉庆《松江府志》卷七十二艺文志）按：朱彝尊《曝书亭集》卷三十七有《钱舍人诗序》，当即是序此稿，朱序称其志洁廉，其辞醇雅，故绮丽而不佻，信夫情之挚而一本乎自得者。又龚鼎孳谓："葆馚虽错采六朝，而神骨清英，超然独秀，未可以鱼油龙炙列堞明霞尽之。"陈祚明曰："嫣然生态，妖冶低回，出之以抑扬宕折，非如山无烟云、水无草树。"钱金甫云："金锵石戛，纷彩繁会，而清英峭崎秀出笔墨之外。"

《金门稿》（姜兆翀《松江诗钞》卷十四钱芳标小传、嘉庆《松江府志》卷七十二艺文志）

《湘瑟词》（乾隆《奉贤县志》卷十书目）

《词顇》（姜兆翀《松江诗钞》卷十四钱芳标小传、嘉庆《松江府志》卷七十二艺文志）

钱巢鹤著作

文献载录：

《蟹舍草》（姜兆翀《松江诗钞》卷三十四钱巢鹤小传）

钱熙祚世家

附钱树芝、钱树本、钱树棠、钱熙辅、钱熙泰、钱熙载、钱培荪、钱培名、钱铭圭

钱熙祚（嘉庆五年—道光二十四年），字锡之，号雪枝，金山人，钱熙辅弟、钱树芝子，叔父钱树兰嗣子。诸生，叙选通判。善读书，蕴高才，雅自抱负，生平好表彰古今秘籍，犹喜校刊名人著述，父兄子弟相为讲习，藏书甲一邑。居乡以利济为己任，手定义田义塾规条为赡族计，创与善堂以给穷乏。道光十五年邑修海塘，议开秦、查二山取石，熙祚具陈石少坟多不足采用，而毁弃胔骼为可悯。因捐运费，其议遂寝。是年冬十月初，以辑刊丛书苦乏善本，率弟钱熙泰、同邑顾观光、南汇张文虎、平湖钱熙咸、嘉兴李长龄赴杭州西湖，借观孤山文澜阁四库全书，寓西湖杨柳湾两月，校书八十馀种，抄书四百三十二馀卷。六年后，将所藏及钞得秘籍辑刊为《守山阁丛书》及《指海》《珠丛别录》等凡数百种，校勘异同，附以札记，考订家以为善，仪征阮元序其书，谓“于人谓之有功，于己谓之有福。”道光二十四年，以谒选病没京邸。张文虎《守山阁賸稿序》曰：“锡之年虽不永，其所辑《守山阁丛书》及《指海》，微显阐幽，剖析是非，参订同异，皆足附古之立言者以自见，海内好学之士皆欲得其书，朝鲜使人至以重价来

购，其可信今传后无疑也。”（张文虎《舒艺室杂著乙编》卷上《守山阁賸稿序》卷下《孤麓校书图记》《十三间楼校书图记》《愚菴钱公家传》、张文虎《舒艺室杂著賸稿》金山钱氏家刻书目序、光绪《松江府续志》卷二十四钱熙辅传附、民国《重辑张堰志》卷七钱熙辅传附、徐世昌《清儒学案小传》卷十八、支伟成《清代朴学大师列传》卷十九）

钱树芝，钱熙祚父、钱溥仪子，字瑞庭，号愚菴，金山人。先世自奉贤迁金山。少习举业，试有司不利，遂弃去，以监生议叙县丞。治家有法，延名师课子，礼貌肫至。诸子定省，则述先世德泽，勉以孝悌忠信，至成人犹不置。敦气谊，有妹适沈，以列殉其夫，为婚嫁其子女如己出，并请建坊以旌其烈。戚凌氏早故，妇节孝，抚孤存恤倍至，助赀营葬其三世，从侄钱熙咸少孤贫，抚之读书，以浙籍中道光十五年举人。性宽厚，待人以诚，谦下朴讷，远近称为长者、善人。某负千金，焚其券。里中修桥梁、沟堰必任之，衣寒、食饥、医药、棺殓常助之。嘉庆十九年大旱，倡议疏浚秦山塘，日冒暑往督工，通支港灌溉，农田稍有收成。岁歉，发仓中粞米量给穷户，率以为常。自奉俭约，敝衣蔬食如寒素。闲以金石书画自娱，然无所凝滞。以子钱熙辅仕貤赠芜湖教谕、修职郎。卒年六十九、生五子。（嘉庆《松江府志》修纂题名、张文虎《舒艺室杂著乙编》卷下愚菴钱公家传、光绪《金山县志》卷四选举表下卷二十四义行传钱溥仪传附、民国《重辑张堰志》卷五志选举卷六钱溥仪传附）

钱树本，钱熙祚伯父、钱溥仪长子、钱金甫裔孙，字根堂，华亭人。监生，廉静沉默，研精经史。入南北闱，累试不售。后习轩岐，就诊者不取酬而多奇效。尝辑《一点阁文选》，选刻庄骚读本，又与弟慁南梓《葆素堂诗文集》行世。著有《漱石轩诗草》。（姜兆翀《松江诗钞》卷五十三钱树本小传、

嘉庆《松江府志》卷五十九钱溥仪传附、光绪《金山县志》卷十五艺文志）

钱树棠，钱熙祚从父、钱溥仪子，字思召，疏财仗义，有负屈系官者不避嫌怨直之。倡捐修《松江府志》及求忠书院，为郡守宋如林、陈銮所重。（嘉庆《松江府志》修纂题名、光绪《金山县志》卷二十四义行传钱溥仪传附、民国《重辑张堰志》卷六钱溥仪传附）

钱熙辅（乾隆五十五年—咸丰十一年），钱熙祚兄、钱树芝次子，字鼎卿，号次臣，金山人。廪贡生，例仕安徽芜湖教谕。丁父艰归，不复出。书法梁同书，尤好吟咏。家富藏书，妇翁吴省兰辑刊《艺海珠尘》，至八集而止，咸丰初，熙辅续辑壬、癸二集，以竟其业，又刊西人《重学》。著有《勤有书堂剩稿》。（张文虎《舒艺室杂著乙编》卷下愚菴钱公家传、张文虎《舒艺室杂著賸稿》金山钱氏家刻书目序、光绪《松江府续志》卷二十四、民国《重辑张堰志》卷五志选举卷七列传下）

钱熙泰（嘉庆十五年—咸丰八年），钱熙祚弟、钱树芝第六子，字子和，号鲈香，金山人，家世聚族秦山之阳，熙泰以居隘迁邑之张堰镇。廪贡生，署靖江教谕。质通敏，风雅好古，尝随兄钱熙祚至西湖文澜阁校书、抄书，能诗善书，凡诗文书画金石篆刻一见辄能言其利钝真赝。道光十九二十年秋，再偕张文虎两寓西湖宝石山上十三间楼，校抄文澜阁四库全书，出游湖上诸胜及天目、会稽，时绩溪胡培翚、元和陈奂同寓湖上，时时过从商榷疑义。遇事机警而沉鸷果断，其所欲为虽百沮之不为退，不欲为虽至亲暱劝之亦不为动。其与人交，则委婉曲全无傲容厉色。道光二十九年邑人姚汭增修邑志，未成书，熙泰得其稿，力任纂刻，网罗文献，舟车则自随，延吴江董兆熊、邑人姚怀桥重订，事增文减，论者称之，光绪间修志，即据此为本。好义举，咸丰五年捐资创建张堰正心义塾，延名师董兆熊教贫子弟。又与华亭张希仲、里人戚澜、侄钱培益倡设济婴、施棺诸局。咸丰八年八月，病痢下，以体素强弗之邺，小瘥复大发肝疾，病剧，犹以义塾邑志属其子培廉，逾二月竟卒，年四十九。著有《西泠纪游稿》《古松楼剩稿》。（张文虎《舒艺室杂著甲编》卷下金山张堰镇义熟记、张文虎《舒艺室杂著乙编》卷下《十三间楼校书图记》《钱子和学博哀辞》《愚菴钱公家传》、光绪《金山县志》卷二十一姚汭传附、《光绪《松江府续志》卷二十四钱熙辅传附、黄金台撰《木鸡书屋文五集》卷六钱熙泰诔、民国《重辑张堰志》卷七钱熙辅传附）

钱熙载、钱熙祚从兄、钱溥仪孙，字啸楼，金山人，例贡生，候选盐运司提举。好藏书，中岁后屡行义举，尝捐资与翁纯等修金山卫学、文庙，又与张振凡、张振宗等创建大观书院。翁纯字查麓，廪生，有干才。张振凡字瘦峰，附贡生，博览群书，兼通二氏之学。张振宗字小我，候选盐运司知事，善鉴古，收藏书画甚富，所居曰小万卷楼。（张文虎《舒艺室杂著》、光绪《金山县卷》卷二十四义行黄光焯传附、光绪《松江府续志》卷二十四、民国《重辑张堰志》卷七列传下）

钱培荪（？—光绪三年），钱熙祚嗣子、钱熙辅季子，字子馨，金山人，嗣叔父钱熙祚。生于钱熙辅芜湖教谕署，年幼聪慧。长为族中白眉，众望属之。道光二十六年，续刊嗣父钱熙祚《指海》八集，合为二十集，复蒐辑嗣父未刻诗文，属张文虎编次为《守山阁賸稿》一卷附于后。然跅弛无方，惑於娱嬉。乡罹寇患，家室被毁，遂两入京城，而濒险几死。死难聿臻，援例试用浙江同知，进退两难，既而幡然改辙，乞假归，不复出，好学，闲雅安分。先世所刻书尽失，板片亦煨烬，积思郁结，谋重刊之。同治中，购得松江府城东门外陆氏园，同治十二年张文虎自金陵归而来访，名之曰复园，培荪即延张文虎寓复园校刊古书，广求所散家刻书籍，辗转三年始得略备。光绪二年，培荪纂辑《金山钱氏家刻书目》，次年秋遽卒，张文虎序其书。（**张文虎《舒艺室杂著乙编》卷上守山阁賸稿序卷下祭钱子馨文、张文虎《舒艺室杂著賸稿》金山钱氏家刻书目序、光绪《钱家祠堂碑文》、杨葆光《戚友姓编》、民国《重辑张堰志》卷五志选举卷七钱培廉传附**）

钱培名，钱熙祚从子、钱熙经子、字宾之，号梦花，金山人，世居钱圩。少勤读，作制举文能守先正规矩。族父钱熙祚校刊《守山阁丛书》《指海》，父熙经佐搜求，谓古今书宜刊者尚多，欲继为之，病不果，勖培名续刊。道光二十九年父殁，培名已届中年，弃旧业，发家藏书苦读之。迁居张泾堰，遵父遗志，质之同里顾观光、南汇张文虎，乃与辑刊《小万卷楼丛书》十七种。遇粤寇南侵，土匪乘衅。乱平，书版无存。同治九年濬张泾，培名管理北局工程，称善。援例候补县丞。同治十二年馆师张文虎自金陵书局返，亟商之，重刊《小万卷楼丛书》。光绪二年，培名蛰居松隐，多病且老，命其子重葺张泾堰屋，是年秋，迁不日而殁，年六十五。以子钱铭庚仕貤赠中宪大夫。光绪十三年，入清芬祠，学使给“家风好古”额。（**张文虎《鼠壤馀蔬》钱宾之传、光绪《松江府续志》卷二十四钱熙载传附，光绪《钱家祠堂碑文》、民国《重辑张堰志》卷七钱熙载传附**）

钱铭圭，钱熙祚族孙、钱熙泰孙，著有《蕉鹿居遗稿》。

钱氏著作

钱熙祚著作

文献载录：

《守山阁賸稿》一卷，道光二十六年刻（**张文虎《舒艺室**

杂著乙编》卷上守山阁賸稿序、《中国丛书综录》）按：钱熙祚诗文，嗣子钱培荪于钱熙祚卒后蒐辑，附于《指海》二十集末，其序跋诸篇见于《守山阁丛书》《指海》者未录。

《守山阁丛书》六百五十二卷，钱熙祚辑，道光二十一年刊竣（张文虎《舒艺室杂著乙编》卷下孤麓校书图记、光绪《松江府续志》卷二十四本传、民国《重辑张堰志》卷九艺文志）按：是书一百十种，钱熙祚辑并校，或注案语，或系札记，校雠精审，迥出诸家丛书之上。道光二十一年刊竣，钱熙祚乞吴兴费丹旭作《孤麓校书图》，属张文虎记。全书分经史子集，集部独少。《中国丛书综录》著录，载版本三：一道光二十四年金山钱氏据墨海金壶刊版重编增刊本，一光绪十五年上海鸿文书局据钱氏本影印、一民国十一年上海博古斋据钱氏本影印。

《珠丛别录》，钱熙祚辑（光绪《松江府续志》卷二十四本传、民国《重辑张堰志》卷九艺文）按：收书二十八种，凡七十二卷。《中国丛书综录》著录，载版本二，一道光中金山钱氏据墨海金壶刊版重辑，一一民国十一年上海博古斋据钱氏本影印。

《式古居彙钞》，钱熙祚辑（《中国丛书综录》）按：道光二十六年钱氏据借月山房彙钞刊版重编，收书四十九种，内有松郡杨陆荣《三藩纪事本末》四卷。

《指海》二十集，钱熙祚辑、钱培让钱培杰续辑（张文虎《舒艺室杂著乙编》卷上守山阁賸稿序、光绪《松江府续志》卷二十四本传、民国《重辑张堰志》卷九艺文、《中国丛书综录》）按：是书收书一百四十一种，凡四百十卷，绩溪胡培翚序。钱熙祚原刊十二集，嗣子钱培荪补刊后八集。版本二，一道光中钱氏据借月山房彙钞刊版重编增刊，二民国二十四年上海大东书局据钱氏刊本影印。

现存集部著作：

《守山阁剩稿》一卷，清抄本（上图）、道光二十六年刻

《指海》本二十集（国图、丛书综录、日本人文），民国二十四年上海大东书局影印道光刻《指海》本（丛书综录）按：段安节《乐府杂录》有其道光十七年所作跋，王冀德《曲律》有其所作跋。

钱树本著作

文献载录：

《漱石轩诗草》（姜兆翀《松江诗钞》卷五十三钱树本小传）

《一点阁文选》钱树本辑（光绪《金山县志》卷十五艺文志、民国《重辑张堰志》卷九艺文）

钱树棠著作

方志载录：

《经馀必读》钱树棠、钱树立同辑（民国《重辑张堰志》卷九志艺文）

钱熙载著作

方志载录：

《云间文粹》六十卷钱熙载辑（光绪《金山县志》卷十五艺文志、光绪《松江府续志》卷三十七艺文志、民国《重辑张堰志》卷九艺文）

钱熙辅著作

现存集部著作：

《勤有书堂剩稿》不分卷，光绪二年复园刻本（南图）按：附钱铭圭撰《蕉鹿居遗稿》。熙辅于道光末、咸丰初续辑其妇翁吴省兰《艺海珠尘》，为壬、癸二集刊行，其中有松江人冯时可《左氏释》二卷及吴省兰所纂《河源纪略承修稿》六卷、《楚南小纪》一卷、《楚峝志略》一卷《五代宫词》一卷、《十

国宫词》一卷。(《中国丛书综录》)

钱熙泰著作

现存集部著作：

《西泠纪游稿》不分卷，稿本（金山）。

《古松楼剩稿》一卷，光绪六年刻本（南图）。

钱培荪著作

方志载录：

《指海》二十集之后八集（张文虎《舒艺室杂著乙编》卷上守山阁賸稿序）

《钱氏彙刻书目》（光绪《松江府续志》卷三十七艺文志、民国《重辑张堰志》卷九艺文）按：张文虎《舒艺室杂著賸稿》作“《金山钱氏家刻书目》”，同治十三年至光绪二年纂辑，张文虎光绪四年所作序云凡十卷，“自去岁之夏至于今凡八阅月而刊成”。

（摘自《清代松江府文学世家述考》）

金山钱氏清寿堂谱系源流表

世　系	名　讳	年　代	封号/官职	居住地
第一世	钱　镠	852—932	吴越武肃王	临　安
第二世	钱元瓘	887—941	吴越文穆王	临　安
第三世	钱弘俶	929—988	吴越忠懿王	临　安
第四世	钱惟演	977—1034	北宋彭城郡公	临　安
第五世	钱　暄	1018—1085	北宋冀国公	临　安
第六世	钱景臻	1055—1126	北宋会稽郡王	临　安
第七世	钱　忱	1083—1151	南宋荣国公	临　海
第八世	钱端礼	1109—1177	南宋祁国公	临　海
第九世	钱　筜	不明	南宋郑国公	临　海
第十世	钱象祖	1145—1211	南宋忠靖公	临　海
第十一世	钱　澡	不明	南宋中散大夫	临　海
第十二世	钱应孙	？—1291？	南宋朝清大夫	临　海
第十三世		不明		
第十四世	暂　缺			
第十五世	钱以安	明代永乐年间 1400年左右		云间（今 奉贤）
第十六世	钱如安			奉贤袁浦
第十七世	钱　昂			奉贤袁浦
第十八世	钱　镇			奉贤袁浦

（续表）

世　系	名　讳	年　代	封号/官职	居住地
第十九世	钱　瑊			奉贤袁浦
第二十世	钱　垛			奉贤袁浦
第二十一世	钱　为	1561—1640		奉贤袁浦
第二十二世	钱一夔	1591—1656		金山钱圩
第二十三世	钱　棐			金山钱圩
第二十四世	钱　隣			金山钱圩
第二十五世	钱铿嗣	1693—1755		金山钱圩
第二十六世	钱溥仪	1711—1791		金山钱圩
第二十七世	钱树芝	1770—1838		金山钱圩
第二十八世	钱熙泰	1810—1858		金山张堰
第二十九世	钱培廉（钱廉）	1833—1908		金山张堰
第三十世	钱铭勋（钟）			金山钱圩
第三十一世	钱润庠	1876—1948		金山钱圩
第三十二世	钱模时	1899—1972		上　海
第三十三世	钱荣培	1924—2004		上　海

金山钱氏先祖简介

1. 始祖钱镠，武肃王。字婆留，又字具美（852.2.16—932.3.28）。钱宽长子。彭祖篯铿的72代孙，钱氏吴越堂始祖。平息两浙战乱，开拓一方国土，三世五王统治吴越86年。

   正妃戴氏，元妃吴氏，夫人陈氏、胡氏，生子三十。弟四位，从弟四位侄子十一。

   封彭城郡王进封国王武肃，第七王元瓘承袭。

   葬临安锦城太庙山钱王陵园，谥武肃王。

2. 元瓘，吴越国文穆王，字明宝，谥文穆王（887.12—941.8）。镠七子，母陈氏。932—941年在位。继承了父王朝奉中原、保境安民的国策，又发展了与日本、朝鲜半岛国家的友好交流。王有子十四。第六子宏佐七子宏倧九子弘俶承袭。

   元妃马氏，次吴氏，生僔、佐、倧、什、俶、亿、仪、偓、仰、俨。

   葬杭州龙山之南，今名玉皇山。

3. 弘俶，吴越国忠懿王，字文德，谥忠懿（929—988）。元瓘九子。948—978年在位，令垦荒蠲逋赋，不忍民罹兵革，978年纳土归宋。

   王妃孙氏、继李氏，生惟治、浚、濯、演、灏、泚、湣、渲、济。

   王墓在河南洛阳县贤相里陶公原。宋太宗天下大定后，令吴越宗室三千人悉迁汴京（河南开封），赐第在汴京礼贤宅。

4. 惟演，彭城郡公，字希圣，谥文僖（977.9—1034.7）。弘俶八子。幼有俊才，归宋入翰林历工刑兵部尚书，枢密正副使兼州大都督长史。上柱国彭城郡开国公。著有庆系谱行世。

配程氏、张氏，子十一：晦、暖、曦、晖、昉、暄、曙、曈、晔、映、曜。

葬洛阳邙山先王茔侧，由子诉请改谥文僖。

5. 钱暄，冀国公，字载阳，又字戴父（1018—1085）。生于汴京赐第，惟演六子。官宝文阁侍制、光禄寺卿，曾知抚、台、鄜、郢四州，其中1071年出任台州太守。封冀国公。

配吴氏生七子景杰，景略、景规、景臻、景振、景掞、景持。

墓在洛阳邙山先王茔侧。

6. 景臻，会稽郡王，字道邃（1055—1126）。暄第四子。历官太傅、右领军大将军，封康国公。

1074年仁宗第十女大长公主驸马，生忱、愕、恼、恺。公主大高宗四辈，1127年靖康之乱中第一个上表迎请赵构登基。1128年5月，忱等奉母与郡王灵輤避地湖湘绍兴，1131年旋迁台州（浙江临海县），1137年高宗赐公主第于府治白云山下。

葬天台护国寺南山之阳。

7. 钱忱，荣国公字伯诚。（1083—1151）。生于汴京，召见赐名。历仁哲徽钦四朝，官少保。封荣国公，赠太师，1134年官复原职。高宗赐御衣玉环又书其堂为忠孝之家。

夫人唐氏，生端仁、端礼、端义。

薨于台州赐第，葬天台县护国寺北山之麓。

8. 端礼，谥忠肃累赠太师，字处和。伯诚公第三子（1109—1177）。添差通判台州，累迁知临安府。1164年进士，参知政事（副丞相）祁国公。子筜。

墓在护国寺前山。

9. 钱筜，太师郑国公，字淇父。不寿，赠太师、郑国公。筜生一子象祖。墓在桃源山。

10. 象祖，忠靖公，字伯同，号止安（1145—1211）。以祖端礼恩泽补官。谏止伐金之谋，复起参知政事，1207年晋右丞相。复修庆系谱。

葬忠肃墓东偏，凡五所（臻、忱愐、端礼、筜、象祖）。

生沄、泽、澡、洤、湋、沆。

11. 钱澡，字德儒，伯同公三子，临海人。官通直郎，累赠中散大夫、泉州提干。年四十三卒于官。

娶王氏生一子钱应孙。

归葬临海黄土岭西山。

12. 应孙，字定之，朝清大夫，临海人。以祖钱象祖遗表恩补承奉郎，历监淮东总领所、除提举左藏库、迁兵部郎中、出知赣州、改知温州、直华文阁、终太府少卿。及南宋将亡，乃命长子钱国烈居临海，自率诸少子等家人徙居绍兴。日以植菊疏泉为事，著有《菊泉馒吟》十卷，号宝庆老人。元至元二十八年（1291）归临海省。

娶童氏生五子：国烈、国衡、国纪、国熙、国彦。

卒于临海，葬天台花桃山之原。

13. 不明。

14. 不明。

15. 以安（尚子辈），奉贤钱氏始祖。以安公实乃吴越钱氏钱镠的15世孙，盐官于奉贤县袁浦。

生子三，长失名次子如安，三子月林。

16. 如安，以安次子，娶袁浦胡氏生五子：旺、昂、昺、晟、昱。

17. 钱昂，字暨初，如安次子。

娶秦氏生子六鑑、镇、鎡、钿、珏、铃。

18. 钱镇，字乐安，昂次子，庠生。

生子二：王介，王瑊

19. 钱瑊，字咸玉，号隐居。镇次子。娶何氏生子四：圹，埰，坡，圻。

20. 钱埰，号思隐。瑊次子。国子生。娶刘氏生子二：为、运。

21. 钱为，字鹤亭（1561—1640）。埰长子，府庠生。娶潘氏无出，继娶邬氏生子一夔，三娶蔡氏生子二,五美子君尊，娶俞氏程氏七襄。

22. 一夔，字章羽。为长子（1591—1656）。

23. 钱棐，字京屏。夔嗣子，五美子。

24. 钱階，字虞两。棐长子。

25. 铿嗣，字绥万（1693—1755）。

26. 溥义，字景方（1711—1791）。

27. 树芝，字瑞庭，号愚庵（1770—1838）。

28. 熙泰，字子和，号鲈香（1810—1858）。熙祚之弟，廪贡生。署靖江教谕，能诗善文。道光十四年（1834）协助钱熙祚去杭州文澜阁校书,《文澜阁校书目录》《文澜阁抄书目录》正、续二集,《文澜阁续抄书目》均由他执笔。此外尚著有《锄月吟稿》《古松楼剩稿》等诗集。生一子培廉。

29. 培廉，又名廉，字义泉，号二泉（1833—1908）。生三子，长铭勋改名铭钟。

30. 铭勋（钟），字伯彝。

31. 润庠，字养源（1876—1948）。

32. 模时（1899—1972）。

33. 荣培又名鑫培（1924—2004）。

后记

父母亲生我很晚，已人到中年。童年那段时间父亲其实正遭受冲击，所以有很多时间陪我。从小就听父亲讲很多故事，我以为是故事，其实看来有点真实，包括500童男童女去日本帮秦始皇找长生不老药。对于金山，只觉得有很大房子和大的家族，直到他去世都没有机会去过金山。我2004年从加拿大温哥华回上海，看到父亲已经在图书馆找家谱资料，他已经花了几年时间，当时帮他整理也没有太上心。不料2004年中他查出癌症，急急忙忙印了家谱，年底父亲就去世了。为了他的这份心愿，我开始有空去查一点史料，也将他写的家谱捐赠到图书馆。越是了解家族历史，这些贯穿历史长河的记载是他们作为出版世家留下的历史痕迹，然后隔了几百上千年在图书馆留下史料里与这些和自己有渊源关系的祖辈对话，觉得不可思议又那么亲切，尤其是钱熙泰手稿、张文虎日记重现了历史场景，无论政治、经商和教学都不输当今，也帮我渡过了自己人生中最迷茫的时刻。

让我们回到1914年时的家族，历史史料可以还原出如下场景：

钱模时（我爷爷）生于1899年，1914年15岁，其父钱润庠其母黄秀清都生于1876年，1914年均38岁。听长辈讲钱润庠因家中富裕无所建树、吃吃玩玩，母亲黄秀清是金山著名“黄当里”开当铺家大女儿。黄家是安徽徽商，黄秀清也非常有商业头脑，她买了上海美琪大戏院很多股票。钱家当时也是美琪大戏院的主要股东之一。黄家的小女儿据说就是孙道临的母亲。现在能看到爷爷钱模时1919年在之江大学（现在是杭州的浙江大学）的文章（1919年，0003期.课余消遣雅令十则/(金端涝)、(钱模时))。

清寿堂的创始人钱铭勋因还在世（字伯彝也叫铭锺，立嗣于钱培杰），他是钱廉（1908年去世）的儿子，浙江候补通判。志上记载的记录不多，也是个官员，在金山捐赠的碑上有他名字和捐款，他也是捐刊：

光绪《金山县志》。光绪二年（1876），知县龚宝琦，恢复修志局，承修县志，志未竣而他调。继任知县崔廷镛，兼纂修官，聘黄厚本为总纂，朱兆兰为提调官，程维屏、袁昌荣为修辑，吴履刚、黄昭瑜、张芳培为复阅，陈治安、沈其祥、曹昌墀、莫鸿铨、张振声、沈世珩、沈应甲等7人为参校，沈廷桂、陆朝栋、沈世璜为校录，陈邦棫、黄寅清、彭厥昌、范骏声、莫泰来、何福谦、沈均、金其光、何荣生、高桂、俞骥超、王观澜、袁昌杰等13人为采访，夏启承为绘图，黄坤征为收掌，钱铭勋为捐刊。这部重修的《金山县志》，于光绪四年（1878）告成。共8册30卷，为表4：沿革、疆域、职官、选举；为志8：山川、建置、赋役、名迹、学校、艺文、武备、志余；为传12：名宦、仕绩、儒林、文苑、孝友、忠节、义行、隐逸、艺术、游寓、方外、列女。即后来所简称的《光绪黄志》。

同时代：钱铭铨是他堂弟，议会议员，南社成员。

清末，江苏省咨议局金山籍议员黄端履。民国元年（1912），办理地方自治，本县设议事会、参事会。有议事员

112名，执行员24名。民国三年，袁世凯称帝，取消自治组织，议事会中止活动。民国十二年冬，恢复自治制。第一届国会众议院金山籍议员高旭（天梅）。参加江苏省议会的金山籍议员：第一届姚其富、沈嘉树；第二届钱铭铨；第三届黄端履。

在宣统元年（1909）筑沪甬铁路时，他自愿投资修筑松江至枫泾段。《金山县志》关于钱家设立祠堂、小学是公益事业，由钱家出资是对的。钱氏有义庄，公益事业是义庄出资的，包括设立的小学，不是个人行为。

在过去的两年中，遇见了很多热心人，包括自己以前从未谋面的家族成员，让我有机会认识钱毅爷爷、大川叔叔，南社的姚馆长和丁君、景云婆婆，也链接了荣江叔叔、奈珊娘娘和金山祠堂后代群里的兄弟姐妹和朋友。写这部报告文学中，在上海图书馆陈馆长和同仁，浙江临海文化局马局长和临海图书馆，金山文化局，张堰和钱圩镇政府的鼎力支持下收集了大量历史史料，也得到了朋友帮助，作家王唯铭的精心策划和浙江仙琚药业张总的联系让我们有机会回眸家族的千年历史。这个家族在宋朝的皇室生活，作为上海先民的历史印记，在清朝对于文化和商业的贡献，都让我们反思今天的生活和价值观。读到的一段段历史都可以思考，无论从健康、事业还是家庭生活，秉承传统和贡献自己的力量，实现自己的人生价值。

金山钱氏后人 钱■■

于2017年9月